王溢然　束炳如　主编

中学生物理思维方法丛书

1 分析与综合

岳燕宁　编著

中国科学技术大学出版社

图书在版编目(CIP)数据

分析与综合/岳燕宁编著. —合肥:中国科学技术大学出版社,2015.1(2023.12重印)

(中学生物理思维方法丛书)

ISBN 978-7-312-03546-3

Ⅰ.分… Ⅱ.岳… Ⅲ.中学物理课—教学参考资料 Ⅳ.G634.73

中国版本图书馆 CIP 数据核字(2014)第 141306 号

出版 中国科学技术大学出版社
安徽省合肥市金寨路 96 号,230026
网址:http://press.ustc.edu.cn
https://zgkxjsdxcbs.tmall.com

印刷 安徽省瑞隆印务有限公司

发行 中国科学技术大学出版社

开本 880 mm×1230 mm 1/32

印张 6.375

字数 163 千

版次 2015 年 1 月第 1 版

印次 2023 年 12 月第 6 次印刷

定价 20.00 元

在自然科学里,应该像在数学里一样,在研究困难的事物时,总是应当先用分析的方法,然后才用综合的方法.

——牛顿

　　思维既把相互联系的要素联合为一个统一体,同样也把意识的对象分解为它们的要素. 没有分析就没有综合.

——恩格斯

序　1

在中学物理学习过程中,学生在获取知识的同时,还要重视从科学宝库中汲取思维营养,加强科学思维方法的训练.

思维方法的范畴很大,包括抽象思维、形象思维、直觉思维等.以抽象思维而言,又有众多的方法,在逻辑学中都有较严格的定义.对于以广大中学生为主的读者群,就思维科学意义上按照严格定义的方式去介绍这众多的思维方法,显然是没有必要的.由王溢然、束炳如同志主编的这套丛书,不追求思维科学意义上的完整,仅选取了在物理科学中最有影响、中学物理教学中最常见的思维方法(包括研究方法)为对象,在较为宽泛的意义上去展开,立意新颖,构思巧妙.全套丛书共13册,各册彼此独立,都以某一类或两三类思维方法为主线,在物理学史的恢宏长卷中,撷取若干生动典型的事例,先把读者引入饶有兴趣的科学氛围中,向读者展示这种思维方法对人类在认识客观规律上的作用.然后,围绕这种思维方法,就其在中学物理教学中的功能和表现,以及其在具体问题中的应用做了较为深入、全面的开掘,使读者能从物理学史和中学物理教学现实两方面较宽广的视野中,逐步领悟到众多思维方法的真谛.

这套丛书既不同于那些浩繁的物理学史典籍,也有别于那些艰深的科学研究方法论的专著,它融合了历史和方法,兼顾了一般与提高,联系了教学与实际,突出了对中学物理教学的指导作用,文笔生

动、图文并茂,称得上是一套融史料性、科学性、实用性、趣味性于一体的优秀课外读物.无论对广大中学生(包括中等文化程度的读者)还是对中学物理教师以及高等师范院校物理专业的学生,都不无裨益.

科学研究是一项艰巨的创造性劳动.任何科学发现和科学理论的诞生都是在一定的背景下,科学家精心的实验观测、复杂的思维活动的产物.在攀登道路上充满着坎坷和危机,并不是一帆风顺、一蹴而就的.科学家常常需及时地(有时甚至是痛苦地)调整自己的思维航向,才能顺利抵达成功的彼岸.因此,任何一项科学新发现、一种科学新理论的诞生,绝不会仅是某种单一思维活动的结果.这也就决定了丛书各册在史料的选用上必然存在某些重复和交叉.虽然这是一个不足之处,却也可以使读者的思维层次"多元化".不过,作为整套丛书来说,如果在史料的选用上搭配得更精细一些、在思维活动的开掘上更深刻一些,将会使全书更臻完美.

我把这套丛书介绍给读者,首先希望引起广大中学生的兴趣,能从前辈科学家思维活动中汲取智慧,活化自己的思维,开发潜在的智能;其次希望中学物理教师在此基础上继续开展对学生思维方法训练的研究,致力于提高学生的素质,以适应新时期的需要;最后我也真诚地希望这套丛书能成为图书百花园中一朵惹人喜爱的花朵.

阎金铎

序 2

"中学生物理思维方法"是一个很诱人的课题. 如果从我比较自觉地关注这个课题算起,要追溯到20世纪80年代. 开始时,朴素的动因就是激发学生兴趣,丰富上课内容;后来,通过对许多科学研究方法论著作、思维学著作等的学习和教学实践,认识上逐步从传授知识层面提高到了对学生的学习能力乃至思维品质进行培养的高度. 于是,在90年代中期,经过比较充分的积累,策划编写了这套思维方法丛书.

《中学生物理思维方法丛书》问世后,受到了广泛的关注,被列入国家新闻出版总署"八五"规划重点图书,还被推介到台湾出版了繁体字版(中国台湾新竹"凡异出版社"). 因此,作者受到了很大的鼓舞.

光阴荏苒,如今已进入21世纪. 科学技术飞速发展,教学理念不断更新,教学的要求也随着时代前进的脚步有了很大的变化. 当前,国际教育界大力提倡"科学的历史、哲学和科学"教育,希望借此更好地提高学生的科学素质. 我国从新世纪开始试行的《高中物理课程标准》也明确提出同样的要求. 中外教育家一致的认识——结合物理教学内容,回顾前辈科学家创造足迹,无疑是了解科学本质、培养科学精神的一个重要途径.

本丛书的新一版继续坚持"科学史料、思维方法、中学教学"三结

合的内容特色,并补充了反映科学技术方面的新成果、新思想,尤其在结合中学物理教学方面有了很大的进展——删去或淡化了与当前中学物理教学联系不够紧密的某些枝叶,突出了主干知识;撤换了相对陈旧的某些问题,彰显了时代风貌;调整了某些内容,强化了服务对象. 值得说明的是,在新一版中还选入了相当数量的近年高考题,这些问题集中反射了各地专家、学者的智慧,格外显得光彩熠熠、耐人寻味. 因此,新一版内容更为丰满多彩,也更为贴近中学教学和学生实际,更好地体现了科学性、方法性、应用性、趣味性. 希望能够继续被广大读者喜欢,也希望能够更好地使读者受到启发,有所得益,有所进步!

今后,随着时代的发展和中学物理教学要求的不断更新,新思想、新成果和教学中的新问题势必会层出不穷,但前辈科学家崇高的科研精神、深邃的思想和创造性思维方法的光辉,必将永远照耀着人们前进的道路!

在新一版问世之际,首先要衷心感谢我的良师益友、苏州大学物理系束炳如教授. 从萌发编写丛书的想法开始,束先生就给予作者极大的鼓励、支持. 编写过程中,作者与先生进行了难以计次的深夜长谈,他开阔的思路、活跃的创见和对具体问题深刻的分析指导,都给了作者极为有益的启发和帮助,让作者从中得到了强大的精神力量,也给作者留下了永不磨灭的记忆. 借此机会,同时衷心感谢两位德高望重的原顾问周培源先生*和于光远先生**以往对本丛书的关爱;衷心感谢为本丛书作序的阎金铎教授***对作者的鼓励;衷心感谢

---

* 周培源(1902~1993),著名物理学家,中国科学院院士,曾任中国物理学会理事长、中国科学技术协会主席、北京大学校长等.

** 于光远(1915~2013),著名经济学家,中国社会科学院哲学社会科学学部委员,曾任国家计划委员会经济研究所所长、中国社会科学院副院长等.

*** 阎金铎,著名物理教育家,北京师范大学物理系教授、教科所所长,曾任中国教育学会物理教学研究会理事长等.

吴保让先生、倪汉彬先生、贾广善先生、刘国钧先生等曾为丛书审读初稿并提出了宝贵的修改意见;衷心感谢曾为丛书绘制精美插图的朱然先生;衷心感谢被引用为参考资料的原作者们;衷心感谢曾经对丛书大力支持的大象出版社;衷心感谢广大读者朋友对本丛书的厚爱.

本丛书相当于一个"系统工程",编辑、出版需要花费大量的人力、物力. 新一版的问世,跟中国科学技术大学出版社的鼎力支持是分不开的. 在此,也代表所有作者对中国科学技术大学出版社和有关编辑室表示衷心的感谢.

不知哪位作家说过这样的话:写作的最大乐趣首先是在写作的过程中,作者与读者心灵交流;其次是作品出版后,能够被读者认可. 虽然这套丛书不是文学创作的作品,我们也只是站立三尺讲台的中学老师,但是在编写过程中,内心时时有着一种极为强烈的冲动,有一个声音呼唤着:把我们在长期教学实践中所积累和思考的有关中学物理教与学的点滴认识、心得与中学物理教学界同行,尤其是广大的中学生朋友们进行交流、分享与探讨. 实际上,书中有许多地方都包含着从以往学生的思维火花中演绎的方法.

本丛书的新一版,尽管我们思考了比较长的时间,编写中也都作了努力,但仍然难免会有疏漏乃至错误的地方,请读者发现后予以指正.

王溢然

2014 年 2 月于苏州庆秀斋

前　言

爱因斯坦说过一段很深刻的话:"结论几乎总是以完成的形式出现在读者面前的. 读者体会不到探索和发现的喜悦,感觉不到思想形成的生动过程,也很难清楚地理解全部情况."

我想,正在学习中学物理的年轻朋友们,大概也正经历着爱因斯坦所描述的情形——学习了物理学完美无缺的结论,然而对物理学家们的探索过程和思维方法知之甚少.

作者将这本小册子奉献给青年朋友们,就是希望读者阅后能对前辈科学家所创造的灿烂的思维方法——分析方法和综合方法有所了解,不仅认识到它在物理学发展史中所起的作用,同时学会用它解决一些中学物理中的问题. 如果本书真能使青年朋友们有所裨益,作者将会感到莫大的欣慰.

作　者

目 录

序 1 ··· (i)

序 2 ··· (iii)

前言 ··· (vii)

1 分析与综合——两种重要的思维方法 ·················· (001)
  1.1 什么是分析与综合 ······································· (001)
  1.2 第谷的天文观测和开普勒的分析与综合 ············· (011)
  1.3 物质结构认识过程中的分析与综合 ·················· (016)

2 几种基本的分析方法 ·· (031)
  2.1 定性分析 ·· (031)
  2.2 定量分析 ·· (037)
  2.3 因果分析 ·· (050)
  2.4 比较分析 ·· (054)
  2.5 元过程分析 ··· (059)

3 物理学史上三次伟大的综合 …………………………… (065)
  3.1 牛顿提出力学三定律,发现万有引力定律
      ——物理学史上第一次伟大的综合 ……………… (065)
  3.2 能量守恒和转化定律的发现——物理学史上
      第二次伟大的综合 ……………………………… (071)
  3.3 麦克斯韦电磁场理论的建立——物理学史上
      第三次伟大的综合 ……………………………… (075)

4 分析与综合对学习和运用物理知识的指导作用 ………… (078)
  4.1 建立和辨析物理概念 …………………………… (078)
  4.2 研究物理规律 …………………………………… (086)
  4.3 研究宏观现象的微观机理 ……………………… (094)
  4.4 帮助理解和指导物理实验 ……………………… (097)

5 分析与综合在解决中学物理问题中的应用 …………… (100)
  5.1 物理过程的分析与综合 ………………………… (100)
  5.2 研究对象的分析与综合 ………………………… (115)
  5.3 解物理题的两种不同推理方法——"分析法"
      与"综合法" …………………………………… (151)
  5.4 "微元分析法" ………………………………… (154)
  5.5 定性分析法 …………………………………… (161)
  5.6 交替使用实验和抽象思维的手段对物理问题
      进行分析 ……………………………………… (174)

结束语 …………………………………………………… (184)

参考文献 ………………………………………………… (186)

1 分析与综合——两种重要的思维方法

1.1 什么是分析与综合

(1) 分析是综合的基础 综合是分析的归宿

分析与综合是抽象思维的基本方法.所谓分析,就是把研究对象分解成它的组成部分,然后分别加以研究的一种方法;所谓综合,就是把研究对象的各部分联系起来,从而在整体上把握事物的本质和规律的一种思维方法.简单地说,分析就是从整体到部分的思维方法;综合则是从部分到整体的思维方法(图 1.1).

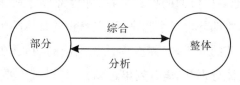

图 1.1

"分析"的希腊文词义是"拆成部分"和"松开、展开、解开"的意思.恩格斯说:"一个果核的剖开已经是分析的开端."

例如,我们研究某种植物,就往往把它分解为根、干、花、叶等部分,分别加以研究;科学家们对细胞的研究中,考察了细胞中的单个化学反应环节后,就从细胞的能量转换、物质转换和信息转换三方面去分析这些环节.在物理学中也是如此,当我们研究连接体的运动

时,常需要采用"隔离法",把连接体中某一物体和其他物体"隔离"开来,单独进行受力分析,列出运动方程;对于许多综合性问题中所呈现的复杂的物理过程,常需要把它们分解成几个阶段,分别加以研究……

像上述这些研究方法,就是从整体到局部的方法,称为分析法. 在分析的时候,我们把事物的整体中本来是相互联系的各部分暂时割裂开来,把被考察的因素从整体中暂时抽出来,让其单独起作用. 正如列宁所说:"如果不把不间断的东西割断,不使活生生的东西简单化、粗糙化,不加以割碎,不使之僵化,那么,我们就不能想象、表达、测量、描述运动."

但是,暂时把事物的各部分割裂开来进行分析,并不是我们的目的,而只是一种手段. 切开、分解的目的是为了探明各个部分、各种要素的内在联系. 因此,在对事物进行分析的基础上,我们还要把事物的各部分连接为一个整体加以研究,把对事物的各部分的认识复原为对整体的认识,力求掌握事物各部分的内在联系,从整体上把握事物的本质.

例如,在把某种植物的根、干、花、叶等部分分别加以研究以后,我们还要把这些部分再联系起来,研究植物的整体的生理过程;通过对细胞各个环节的分析,才能全面认识细胞的功能;在物理学中,把连接体中各物体分别"隔离",列出运动方程以后,还要把这些方程联立,得出连接体运动的总的规律……这些,都是从部分到整体的思维方法,称为综合.

科学的综合,不是简单的捏合,不是把研究对象的各个组成部分机械地相加或装配起来,更不是各种因素的堆砌. 科学的综合应该是:根据研究对象的各个组成部分之间所固有的内在联系,通过整体的考察和概括,达到从整体上全面、深刻地认识对象的性质及其运动规律的目的. 可以说,分析就是为了综合. 当然,没有分析也就无法

1 分析与综合——两种重要的思维方法

综合．因此，分析是综合的基础，综合是分析的归宿．

(2) 分析的特点和作用

前面谈过，分析是从整体到部分的思维方法．在运用分析方法时，要涉及事物整体和部分关系的各个方面．

> 整体和部分的关系

事物的整体和部分的关系主要表现在如下三个方面：

Ⅰ．在空间分布上，可以把整体分解为各个部分．

例如，在研究某动物时，可把它分解为各个器官、组织甚至细胞，分别研究它们的结构和机能．这就是一种按空间分布进行的分析．这种分析可为研究动物的活动、习性、行为提供依据．

在物理学中，我们研究连接体问题时采用的"隔离法"；研究刚体时，把它分解为许多微小的部分；在研究电路时，把它分解为电源、输电线、用电器等；在研究光学问题时，把发光体分解为许多点光源，把光束分解为许多光线……都是对事物在空间分布上整体与部分关系的分析．

Ⅱ．在时间上把事物发展的全过程分解为各个阶段．

我们研究汽油机和柴油机的工作过程时，把它分为吸气、压缩、做功、排气四个阶段，称为四个冲程．研究两球弹性碰撞过程可分为"压缩阶段""恢复阶段"；研究恒星演化的全过程可以分为引力收缩阶段、主序星阶段、红巨星阶段和高密恒星阶段……这些，都是分析事物在时间发展阶段上整体与部分的关系．

Ⅲ．分析复杂的统一体的各种因素、方面和属性．

读者朋友一定听说过"阿波罗"飞船的登月飞行．1969年7月16日美国"阿波罗"11号载人宇宙飞船在肯尼迪宇航中心准时发射，7月21日，宇宙飞船的登月舱按预定时间在月球表面着陆，7月24日该飞船返回地球，在太平洋中部安全降落．这项极其庞大的工程以如此高的精确性顺利完成,实在令人惊叹不已!这样一个极其庞大的工程涉及 120 所大学、科研机构和两万多家工厂企业,动员了 42 万人,研制了 700 多万个零部件.

我国的载人航天工程也走过了一段光辉的历程:1992 年,我国政府决定实施载人航天工程,并确定了三步走的发展战略.第一步,发射载人飞船,开展空间应用实验,神舟五号、六号飞行任务的成功,实现了这一步任务目标;第二步,突破航天员出舱活动技术、空间飞行器的交会对接技术,发射空间实验室,解决有一定规模的、短期有人照料的空间应用问题,神舟七号、八号、九号、十号、十一号和天宫一号、二号完成了这一阶段的部分任务;第三步,建造空间站,解决有较大规模的、长期有人照料的空间应用问题.为了实现这个宏伟目标,我国政府对这项规模浩大的系统工程实施专项管理,统筹协调 13 个系统的 110 多家研制单位、3000 多家协作配套和保障单位的有关工作.

在制定这些庞大的飞行计划时,必须对它的各个组成部分进行分析,对影响这些计划的各个因素、方面以及各部分的相互联系、相互作用进行研究,才能为制订计划提供可靠的依据.这种分析,就是对复杂统一体的各种因素、方面和属性的分析.

分析方法的三个环节

从整体到部分的分析方法大致可分为三个环节:

Ⅰ. 把整体加以"解剖",把部分从整体中"分割"出来;

Ⅱ. 深入分析各部分的特殊本质(这是分析中最重要的一环);

Ⅲ. 进一步分析各部分的相互联系和相互作用.

例如,我们在研究连接体问题时,选择某物体为对象,把它"隔离"出来,就属于上述过程的第Ⅰ个环节;对"隔离"出来的物体进行受力分析,列出运动方程,就是第Ⅱ个环节;根据牛顿第三定律,对各个"隔离体"之间的联系进行讨论,属于上述过程的第Ⅲ个环节.

1 分析与综合——两种重要的思维方法

分析的两种手段

对事物进行分析,可以借助于实验的方法,也可以借助于抽象思维.

例如,当人们发现了天然放射现象以后,为了深入研究天然放射线的性质,就让放射线通过电场(或磁场),让放射线的各种成分在电场力(或洛仑兹力)的作用下分开,结果发现了放射线由三种成分组成:β射线(高速电子流)、α射线(氦原子核)和中性的γ射线(类似于X射线,但波长更短). 这就是借助于实验手段对事物进行分析(如图1.2).

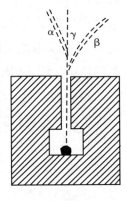

图 1.2

又例如,18世纪末,人们研究出每一种化合物都有自己确定的组成,形成这种化合物的各种元素都有确定的重量比. 这就是定比定律. 19世纪初,英国科学家道尔顿(J. Dalton)通过对大量实验材料的分析,列出了各种元素的相对原子量,推导出了倍比定律. 意大利科学家阿伏伽德罗(A. Avogadro)根据各种气体相互结合时体积成整数比的定律引入了分子的概念. 道尔顿和阿伏伽德罗并没有看到过分子或原子,也没有在实验室中分离出单个的分子或原子. 他们是通过大量分子、原子所表现出来的宏观现象,抽象出分子或原子的概念. 因此,可以说,他们是借助于思维的力量把物体"分割"成分子,把分子"分割"成原子的. 这就是人们借助于抽象思维进行分析的范例.

但是,抽象思维的能力也不是无限的,它也必须依靠感性材料. 在道尔顿和阿伏伽德罗时代,由于实践水平的限制,他们对物质结构的认识,只能深入到分子、原子这个层次.

19世纪下半叶,由于实验水平的提高,英国物理学家汤姆生

(J. J. Thomson)借助于实验,证明了阴极射线是由带负电的、质量约是氢原子质量 1/2000 的粒子(电子)组成的,这就在原子的精细的"躯体"上切开了第一刀,使人们认识到,原子不是不可再分的,它有其复杂的结构. 差不多同时,法国物理学家贝克勒尔(H. A. Becquerel)发现了天然放射现象,人们通过实验认识到 α、β、γ 三种粒子. 此后,人们又陆续发现了质子、中子. 这样,通过实验,人们对物质结构的认识又深入到原子内部更深的层次.

因此,可以说,人们对物质结构的分析,是通过实验手段和抽象思维手段交替进行的.

我们在分析中学物理问题时,也应该同时运用实验和抽象思维两种手段. (详见本书 5.6 节"交替使用实验和抽象思维的手段对物理问题进行分析").

> 深入认识之路

分析方法的主要作用是把我们对自然界的认识引向深入. 因为,我们平时观察到的、认识到的只是自然界的表象,现象的各个部分、细节,影响现象的各种因素、现象之间的彼此联系,以及现象的最终原因及演变规律等深层次的问题,是不易被观察到和认识到的,并且常常还会被错综复杂的各种表象掩饰起来,只有通过对现象各个部分进行分解,把彼此间的联系暂时"拆开",才有可能研究清楚事物内部的各个细节,分辨清楚真象和"假象",并寻找出现象的原因. 牛顿用三棱镜把白光(太阳光)分解成七种色光,揭示了组成白光的各个成分,就是一次成功的分析方法. 由此导致牛顿提出了颜色理论,并为光谱的研究奠定了基础.

分析法还可以弥补归纳法的不足. 面对大量的感性材料和经验事实(或实验素材),仅仅用归纳法是不能从中概括出事物的性质和规律来的,必须借助于分析方法. 开普勒对第谷观察记录的分析,巴耳末对氢光谱数据的分析,直至玻尔理论进一步找出了谱线的微观原因,都是分析的结果.恩格斯说:"我们用世界上一切归纳法都永远不能把归纳过程弄清楚.只有对这个过程的分析才能做到这一点."

分析方法的局限性

　　分析方法也有局限性.由于分析是将整体分解为部分来研究的,因此,如果对事物的认识仅仅停留在分析阶段,就容易使人们的眼光限制在狭隘的范围内,或是局限于暂时的、孤立的考察,容易静止地和片面地看问题.俗话说"只见树木,不见森林",就是分析方法局限性的一个很形象的比喻.譬如,在对人体的认识上,是沿系统—器官—组织—细胞的分析方向发展而不断深入的.如果把认识停留在分析水平上,缺乏整体的联系,就常会形成一些错误的观点.例如,18世纪一位意大利学者认为器官是独立的;19世纪一位德国学者认为细胞是真正的个体,"具有所有生命的特征",等等.所以,为了克服分析方法的这种弊端,就必须把分析与综合统一起来.

　　(3) 综合的特点和作用

综合是各部分的有机结合

　　前面提过,综合不是简单地把事物的各部分机械相加,而是按照研究对象各部分的有机联系,从总体上把握事物本质的一种方法.

　　例如,人们对原子的综合认识就是这样.自从汤姆生在1897年发现电子以后,人们就认识到原子有其复杂的结构.原子既然包含着带负电的电子,而整个原子又显中性,因此,原子中必然还有带正电的部分.下一步,就需要把这些部分加以综合,弄清楚这些部分是如何有机地结合在一起的.于是,1904年,汤姆生提出了原子的"面包夹葡萄干式模型".1911年,卢瑟福(E. Rutherford)提出了原子的核式结构模型.1913年玻尔(N. Bohr)提出新的原子模型.直至

现代量子力学对原子核和电子之间矛盾运动的科学说明,都是对原子的综合认识.这种认识,不是简单地把电子、原子核机械相加,而是研究电子和原子核的矛盾运动与有机联系,从总体上把握原子的性质.

又如,自然界各种元素是既有区别、又有联系的.当人们分别研究自然界各种元素的特性时,就暂时地把元素之间的联系割断,这是一种分析的方法.当人们把各种元素的特性掌握清楚后,就要进行综合,寻找各种元素之间的有机联系.著名的元素周期律就是这种综合的体现.元素周期律绝不是各种元素的简单堆砌,而是揭示了事物由量变到质变的辩证关系的规律性认识.正如门捷列夫(Д. И. Менделеев)在回答别人问题时所说:"这个问题我大约考虑了二十年.而您却认为:坐着不动,五个戈比一行,五个戈比一行地写着,突然就成了!事情并不是这样的!"

科学发现和技术发明的途径

定律、公式的提出,乃至科学理论的建立,常常需要综合人们对事物的各方面的认识,综合许许多多人的研究成果.因此,可以说综合是通向科学发现和技术发明的一条重要途径.

牛顿是经典力学的创立者,但牛顿提出力学三定律和万有引力定律,并不全是他个人独具匠心的创造,而是他综合前人在地面力学和天体力学方面的研究成果,再加以创造性地发展的结果.牛顿的工作,是物理学史上第一次伟大的综合,牛顿的工作是由综合作出重大科学发现的典范.

前面提到的门捷列夫周期表的发现同样如此.

从18世纪后半叶起,化学家就开始进行对元素的分类工作.19世纪20年代,德国化学家德贝莱纳(J. W. Döbereiner),从当时已知的54个元素中,发现存在某些三元素组(如锂、钠、钾;钙、锶、钡;氯、溴、碘;硫、硒、碲;锰、铬、铁等),其中间元素的化学性质介于它前后两元素之间,且其原子量也差不多是前后两元素的平均值. 以后,又有许多化学家进行过这种分类工作. 1865 年,英国化学家纽兰兹(J. A. R. Newlands)把当时的元素按原子量大小的顺序进行排列,发现从任意一个元素算起,每到第八个元素就和第一个元素的性质相区别,就像音乐中八度音程的第八个音符一样,他把这个规律称为"八音律". 他的缺点在于既没有充分估计到原子量测定值会有错误,又没有考虑应给未被发现的元素留出空位. 这次综合依然没有把事物的内在规律揭示出来. 而最后完成这个工作的,是俄国化学家门捷列夫. 可见,门捷列夫周期表,既是对各元素性质分析基础上的综合,也是前人众多化学家成果的一次创造性的综合.

综合也是通向技术发明的重要途径. 美国宇宙飞船总设计师曾说过,今天的世界上,没有什么新的东西不是通过综合而制成的.

杨振宁非常强调综合在科学发现和技术发明中的作用,认为应该处理好大学教育中的通才教育和专业教育的关系. 他认为,过分狭隘的专业教育不能灵活地发挥每一个青年学生的能力,把学生都限制到一个很狭窄的既有专业中去是很不好的办法. 他举了一个对"混沌现象"研究的例子."混沌"是近代非常引人注目的热点研究课题."湍流"就是一种"混沌现象". 水在管子里面流,流得很慢的时候,是很平稳的层流. 一个平稳的层流怎样变成一个湍流,这是一百多年以来物理学家非常注意的问题,可是一直没有解决. 在 20 世纪 70 年代,美国麻省理工学院有一个年轻的研究生叫费根鲍姆(Figenbaun). 费根鲍姆并不是一个很杰出的学生,他很喜欢玩计算机,口袋里带着一部小计算机,整天都在摆弄. 这通常对一个学生的学习不是很好,因为太喜欢玩计算机的人会把精力用到学习以外的地方去. 不过,美国的教育制度是容许这样的. 一个学生可以向自己想发展的方向发展,只要别的方面可以及格. 后来,费根鲍姆到了洛斯阿拉莫斯(Los Alamos)实验室,通过整天在计算机上进行详细计算,对于层流转换为湍流的现象,得出了一个重要的数据——费根鲍姆常数,这个常数是一个可以与圆周率 π 相媲美的数学领域四大常数之一.(数学的四大常数是:圆周率 π＝3.141592653……、黄金分割数 Ω＝0.618033988……、自然常数 e＝2.718281828……、混沌常数(费根鲍姆常数)δ＝4.669201609…….)

费根鲍姆常数的存在反映了混沌演化过程中的有序性."混沌"是一个热点研究课题,它掀起了继相对论和量子力学以来基础科学的第三次革命.杨振宁认为,把不同领域的知识结合在一起,往往会取得科学上的巨大进展.比如费根鲍姆的工作,是介乎计算机、物理学和数学之间的,假如一个人只做这三样中的一样,就很难得到费根鲍姆那样的成就.

杨振宁还举了一个例子:CT(即电子计算机断层扫描技术)现在已经成为很普遍的重要的医疗手段了(图 1.3).而 CT 的构想是一位理论物理学家提出的,他懂物理,对电子计算机很感兴趣,也有一些医学方面的知识.他在 20 世纪 60 年代写了一篇文章,指出以既有的技术和既有计算机的能力,可以做出这么一个扫描机器.

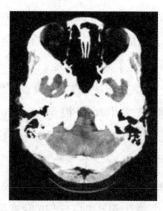
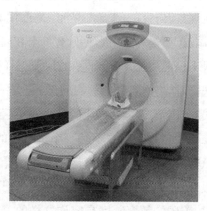

图 1.3

综合与分析是紧密联系的.恩格斯说过:"思维既把相互联系着

的要素联合为一个统一体,同样地也把意识的对象分解为它的要素.没有分析,就没有综合."科学的发展就是沿着"分析—综合,再分析—再综合……"的轨迹前进的. 关于这一点,本书将以较多的篇幅予以介绍.

1.2 第谷的天文观测和开普勒的分析与综合

观察和实验是物理学研究的两种基本手段. 无论是观察还是实验,我们对所取得的大量的第一手资料——事实、数据、资料等,必须进行整理,进行必要的分析与综合,才能挖掘出它的深刻含义,才能从毫无联系的表象中发现新的科学定律. 下面,我们从浩瀚的物理学史料中摘取有关第谷、开普勒的一些片断,看一看科学家们是怎样进行分析与综合的.

一个"富翁"

丹麦天文学家第谷·布拉赫(Tycho Brahe)幼年贪玩,对功课毫无兴趣,十四岁时,恰逢 1560 年 10 月 21 日的日食,他在哥本哈根作了观测,日食的壮观景象激发了他对天文学的兴趣,从此,他将自己的一生献给了天文事业. 他于 1576 年在赫芬岛上建立了天文台,在那里他辛勤观测了二十年之久. 每当夜深人静时,他都在月下静坐,凝视天空. 他工作细致,准确程度达到了令人惊讶的地步:他测量的各个行星的角位置误差小于 0.067 度,这个角度大约相当于把针尖放到一臂远处,用眼睛看到针尖所张的角度. 不要忘记,他的测量是在望远镜发明之前用肉眼进行的!他立志要观察一千个星体,编出一个完善的星表,为后人提供准确的天文资料,他观察的七百多个星体的位置表是如此的准确,以至于他的观测结果至今仍被人们所沿用.

尽管第谷擅长观察，但他缺乏正确的抽象思维能力，他的观察结果很正确，但得出的结论却是错误的．他不愿意接受哥白尼（Copernicus Nikolaus）的"地动说"，他认为："哥白尼确认笨重的、惰性的、不适宜运动的地球在运动，这个论断不仅与物理学的原理相矛盾，而且也和圣经上的论断相抵触."从观测资料看，他发现行星确实绕日运动，但他又不肯放弃太阳绕地球运动的传统观念．于是，他提出一个折中的"方案"，认为行星绕太阳运行，而太阳又率行星绕地球运行．这个折中"方案"与哥白尼的"日心说"相比，实在是一个大倒退．

第谷耗尽毕生精力取得了准确的天文资料，但他并不能从中得出正确的结论，正如他的学生开普勒所说："他是个'富翁'，但他不知道怎样正确地使用这些财富."

开普勒初探失败

开普勒（J. Kepler）是德国的天文学家，从小家境贫寒、体弱多病，患过猩红热、天花，因此损伤了他的眼睛，但由于他天资聪慧而受到资助，上了大学．在大学读书时他就十分赞同哥白尼的学说，他称哥白尼为一个才华横溢的自由思想家．他赞美哥白尼的学说，但又不满足哥白尼学说所达到的水平，他一直想在哥白尼体系中寻找一种数学的和谐．当第谷在丹麦用他敏锐的眼睛致力于天文观测时，开普勒已经在德国以他聪慧的头脑去追求哥白尼体系的数学和谐了．

起初，开普勒绞尽脑汁用五个正多面体来说明六个行星的轨道，他设想一个正的多面体外切某个行星的轨道又内接另一个行星的轨道，他认为这些多面体和圆轨道环环相扣形成了一个和谐的宇宙结构的几何模型，于是，他发表了第一部著作——《宇宙的神秘》．可是，尽管开普勒很聪明，但这种模型毕竟是主观杜撰的，缺乏客观的观察依据，并不能客观地反映宇宙的数的和谐．年轻的开普勒第一次探索失败了．

第谷看到《宇宙的神秘》一书后，深深地被开普勒的天文知识和数学才能所吸引. 1600年,第谷邀请开普勒到布拉格观察台工作,协助自己整理资料、编制星表. 1601年,第谷因病去世,临终前,他喃喃地说:"我多么希望我这一生没有虚度啊!"1602年,开普勒编辑出版了第谷遗留下来的观测资料,并开始从中探讨行星的运动规律. 开普勒的伟大工作,真正使第谷一生没有虚度. 开普勒与第谷的结合意味着抽象思维与经验观察的结合,这一对天文学的双星聚合在一起,必然会在天文学史上放射出灿烂的光华!

战胜战神马尔斯

在第谷留下的浩繁的天文资料中,火星资料占有很大的篇幅,而火星的运行同哥白尼体系出入也最大. 开普勒决心以火星为突破口,找到行星运动的规律,这是他的第二次探索——用他自己的话来说,是征服战神马尔斯(火星)的战斗.

开普勒风趣地描绘了征服马尔斯的战斗情景:

"我曾经预备征服战神马尔斯,把他俘虏到我的表格里来,我已经为他配备好了枷锁,但是,突然感到我毫无胜利的把握. 战争还是和以前一样激烈地进行着."

"留在天球上的诡计多端的敌人,出乎意料地扯断我用方程构成的锁链,从表格的牢笼里冲了出来. 它使我的由物理因素构成的军队受了损失,挣断了束缚,投奔自由去了."

开普勒在与战神马尔斯的战斗中最大的困难是什么?是8弧分的差异.

原来,哥白尼以前的天文学家认为行星是天上具有神明的天体,只能沿理想的轨道——圆轨道做匀速运动,哥白尼虽然正确地指出地球是运动的,但他也没有突破行星沿圆或圆组合轨道运动的传统观念. 起初,开普勒也是按圆的组合轨道来计算火星的运行轨道的,他花了一年半时间,作了七十次计算,发现这样计算的值与第谷实际观察的值总有偏离,

虽然这个偏离的最大值只有 8 弧分(0.133 度,这个角度相当于表上的秒针在 0.02 秒瞬间转过的角度). 是不是第谷测量错了呢? 是不是他的老师在严寒的冬夜因手指冻僵而搞错了呢? 不! 开普勒坚信自己的老师不辞劳苦的工作态度和一丝不苟的严谨作风,他坚信第谷的观察误差不会超过 4 弧分,看来,这 8 弧分的差异是理论不正确造成的. 以后,开普勒又经过四年的刻苦计算,尝试了几十种轨道,最后发现以椭圆轨道计算与观察值十分吻合:火星轨道是椭圆,太阳位于椭圆的一个焦点上. 火星在椭圆轨道上运行速度是不均匀的,在近日点最快,远日点最慢,开普勒发现火星和太阳的连线在相等的时间内扫过相等的面积. 以后,他又发现这个规律也适用于其他行星,于是,在 1609 年他完成了《新天文学》一书,叙述了行星运动的两条定律:

(1) 所有行星的运动轨道都是椭圆,太阳位于椭圆的一个焦点上.

(2) 行星的向径(太阳中心到行星中心的连线)在相等的时间里扫过相等的面积.

战神马尔斯终于被战胜了! 开普勒高兴地说:"敌人到底被我关进运行表的监牢中去了!"

但他并未就此而止步,他觉得有些问题还需继续探索.

找到了宇宙的和谐

开普勒第二定律指出,对同一个行星,运行的速度与到太阳的距离有关. 离太阳越近,运行速度就越大. 而且古人早就指出,不同行星的运动周期与它们到太阳的距离有关. 行星的运行快慢到底与到太阳之间的距离有什么关系呢? 早在开普勒写《宇宙的神秘》时,他就试图寻找这种和谐关系. 于是,他便在浩若烟海的数据中去拼凑、去寻觅. 九年过去了,多少个不眠之夜悄悄逝去,他终于发现了这种和谐性:行星公转周期的平方与轨道半长径的立方成正比(如表 1.1),即 $a^3/T^2 = $ 常数.

1 分析与综合——两种重要的思维方法

这是多么简单的和谐关系呀！开普勒兴奋地写道："……(这正是)我十六年前就强烈希望探求的东西. 我就是为这个而和第谷合作……现在我终于揭示了它的真相. 认识到这一真理, 这超出了我的最美好的期望."

表 1.1

	行星的轨道半长径 a(天文单位)①	行星公转周期 T(天)	a^3/T^2
水星	0.389	87.77	7.64×10^{-6}
金星	0.724	224.70	7.52×10^{-6}
地球	1	365.25	7.50×10^{-6}
火星	1.524	689.98	7.50×10^{-6}
木星	5.200	4332.62	7.49×10^{-6}
土星	9.510	10759.20	7.43×10^{-6}

《宇宙谐和论》在1619年出版, 上面发表了开普勒第三定律.

开普勒的启示

第谷和开普勒是配合如此默契的两位天文学家. 第谷长于观察, 没有他丰富准确的天文资料, 开普勒再聪明也只能是一个空想家而已(他第一次探索的失败已证明这一点); 开普勒精于抽象思维, 没有他的理论概括, 第谷的观察资料也只能是一堆废纸. 他们两位, 一个有明亮的眼睛, 一个有聪慧的头脑; 一个勤于观测实践, 一个精于理论思考, 他们的结合是实践与理论相结合的多么典型的范例!

从思维方法上看, 开普勒在整理第谷天文资料时采取的是先分析、后综合的方法.

---

① 天文单位: 对太阳系内距离的一种度量单位, 等于日地间的平均距离, 现代值为 149597870 km.

"寻找宇宙数的和谐"是开普勒研究的出发点,他所要研究的宇宙(太阳系)是一个整体,为了研究太阳系就必须逐个研究各行星的行为,这就是分析,就是把整体分解为部分,把复杂的事物分解为简单的要素来分别加以研究的一种思维方法.然而分析又不是简单的分解,把各要素 A、B、C、D,甲、乙、丙、丁机械地进行罗列,而是分析矛盾,把事物的各要素放到矛盾诸方面的相互联系、相互作用、相互转化中去研究.开普勒的高明之处就是看准了矛盾的焦点——他紧紧抓住"8 弧分"的差异不放.他这种分析,就是抓住了主要矛盾的分析.这个主要矛盾就是传统的沿圆轨道的匀速运动与第谷的实际观测结果的矛盾.开普勒没有放弃这 8 弧分的差异,如果放弃了这 8 弧分的差异,就等于放弃了开普勒三定律,用他自己的话说:"这 8 弧分是不允许忽略的,它使我走上改革整个天文学的道路."

然而,分析又必须以综合为归宿.对各个行星的行为进行分析的目的又是为了综合,即找到太阳系整体的规律性.开普勒用了九年的时间完成了这个综合——找出了各行星运动之间的联系,即第三定律,用他的话来说,找到了"宇宙的谐和".

当然,开普勒在完成《宇宙谐和论》后并未停止他的探索活动,他在解决了行星是怎样运动的问题(行星运动学)后,又致力于解决为什么这样运动(行星动力学)的问题,由于历史的局限,这个任务他未能完成.半个世纪后,伟大的物理学家牛顿在开普勒定律的基础上发现了万有引力定律,彻底解决了行星运动的动力学问题.从思维方法的角度看,牛顿是在更大范围内完成了一次综合.关于这一点,在本书的后半部分将有叙述.

1.3 物质结构认识过程中的分析与综合

人类对物质结构的认识经历了漫长而艰巨的探索过程,在这个

1 分析与综合——两种重要的思维方法

过程中,分析与综合的思维方法起了巨大的作用.可以说,人们正是通过不断地对物质结构进行分析、综合,再分析、再综合,从而逐步地认识了一个层次又一个层次的物质结构.下面,我们在物理学史中摘取一些片断,看一看物理学家们是怎样运用分析与综合的方法认识物质结构的.

第一次大突破

早在古代,就有一些著名的学者对物质结构进行了探索.公元前514年,古希腊哲学家留基伯(Leucippus)和德谟克利特(Democritus)认为,万物皆由大量不可分割的微小物质粒子组成,这种粒子称为原子(希腊文"atomos",即"不可分割"之意).18世纪末至19世纪初,英国的道尔顿和意大利的化学家阿伏伽德罗建立了原子—分子学说.道尔顿认为,纯粹的物质是由具有一定质量的原子组成的,化合物则是由不同原子按一定比例结合而成的.阿伏伽德罗在道尔顿原子论的基础上引入了"分子"的概念,认为无论是单质还是化合物,最小的构成单位都是由原子结合而成的分子.

原子—分子论的建立,是近代物质结构理论的第一次大突破,它使人们认识到分子和原子是两个不同的层次.但是,近代科学原子论的辉煌成就,使许多科学家把原子不可分、不可入、不可变的观点当做金科玉律.曾经有人问开尔文(Lord Kelvin)原子是如何构造的,开尔文很不高兴地回答:"你连'原子'就是'不可再分'都不懂!原子还有什么结构?"

原子是不是不可再分了?恩格斯在1885年指出:"原子绝不能看做是简单的东西或已知的最小的实物粒子."他科学地预言:原子可分,原子不过是物质分割的无穷系列中的一个"关节点".

切了第一刀

1855年,德国的一位吹玻璃工盖斯勒(H. Geissler)发明了水银真空泵,并制成了低压气体放电管.把金属电极放在玻璃管内,人们发现,在放电时,阴极发出的射线可使阳极附近发出荧光,这种射线称为阴极射线.英国的物理学家克鲁克斯(W. Crookes)进一步对阴极发出的射线进行研究,认为阴极射线是由带负电的微粒组成的;但是,另外一些科学家,如德国的赫兹(Heinrich Hertz)和哥尔德茨坦(E. Goldstein)却认为阴极射线是一种以太的振动,或者是某种短波长的光.阴极射线究竟是粒子流还是以太振动?双方各执一词,互不相让,争论长达二十年之久.这种争论是很有意义的,它促使人们去研究阴极射线,结果导致了一系列令人吃惊的重大发现:1895年德国的伦琴(W. K. Röntgen)发现了 X 射线;1896 年,法国的贝克勒尔发现了天然放射性;而阴极射线本身究竟是怎么回事?1897年,英国物理学家汤姆生发现阴极射线是电子流.

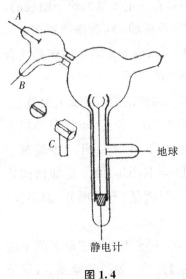

图 1.4

汤姆生是英国著名的物理学家,他首先用实验的方法测出了阴极射线在低压气体中的速度,测得的值是 $1.9 \times 10^5 \mathrm{m/s}$,这个速度远小于光速.因此,他认为把阴极射线看成电磁波是没有道理的.其次,他设计了一套实验装置来确定阴极射线所带电荷的性质.实验装置如图 1.4 所示:连到静电计上的接收器(法拉第圆桶)安置在玻璃管的侧面,而不是正对阴极.阴极射线从阴极 A 发出.在平时,阴极射线沿直线射出,没有电荷进入接收器.如果利用磁场使带电粒子在洛仑兹力作用下发生偏转,当磁场达到某一值时,接收器收到的电荷猛增,说明电荷确实来自阴极射线.检验结果证明,筒内收集到的确实是负电荷.这样,就确定了阴极射线是带负电的粒子流，从而结束了关于粒子流与以太振动的旷日持久的争论．

但是，这是一种什么粒子？是原子还是分子？或者是其他一些什么物质微粒呢？汤姆生又进行了一系列定量实验，测出了粒子的荷质比（即粒子所带电量与粒子质量之比）．汤姆生测得的该粒子的荷质比约为 $e/m = 1.7 \sim 2.5 \times 10^{11}$ C/kg（现代测量值为 1.76×10^{11} C/kg）．而且，他用不同的金属作为阴极，所测得的 e/m 值大致相同．因此，他得出结论：所有这些情况下从不同金属发出的阴极射线都是由同样的带电粒子组成的．

当时人们知道的最小带电微粒是氢离子，阴极射线中的带电粒子的荷质比约是氢离子荷质比的 2000 倍，这就存在着多种可能：如果阴极射线粒子与氢离子质量相等，那么，阴极射线粒子所带电荷就应该是氢离子的 2000 倍；如果二者电量相等，那么阴极射线粒子的质量就应该是氢离子质量的 1/2000．究竟哪种可能是符合实际的呢？当时人们都容易接受第一种假定，因为如果按照第二种假定，就存在着一种比最小的粒子氢离子还要轻得多的粒子，这实在令人难以置信！但是，汤姆生联想到勒纳德(P. Lenard)从实验中发现的阴极射线在大气中的平均自由程与气体分子在大气中的自由程相比要大得多的事实，断定阴极射线一定是远比氢离子小得多的微粒．

1897 年 4 月 30 日，汤姆生在英国皇家研究院报告了这一结果，断定物质内部有比原子小得多的带电粒子存在，后来人们把阴极射线粒子称为电子．以后，汤姆生又设计实验直接测量了电子的 m 和 e．为进一步确认电子的存在，他又广泛研究了包括光电效应在内的各种现象．汤姆生为了证实电子的存在，耗费了大量的精力，设计了巧妙的实验，取得了令人信服的结果．因此，科学界公认汤姆生是"电子的发现者"．

汤姆生发现电子，是科学史上一次革命性的事件，因为他勇敢地

向原子精细的躯体上切开了第一刀,打破了原子不可再分的传统观点,标志着人类对微观世界的探索进入了更深的层次.

和汤姆生同一时代的许多物理学家,因为缺乏汤姆生这种与传统观念决裂的勇气,因而丧失了发现电子的机会.早在 1890 年,英国的舒斯特(A. Sohuster)就仔细研究过氢放电管中阴极射线在磁场中的偏转,标出了阴极射线粒子的荷质比.但他不敢相信自己的结果,认为由此得出阴极射线粒子的质量远小于氢原子的质量,简直不可思议!七年后,德国的考夫曼(W. Kaufman)更精确地测出了阴极射线粒子的荷质比,他没有勇气发表,甚至怀疑阴极射线是否是粒子流.

他们已经走近了电子的大门口,只要前进一步,胜利的春风就会扑面而来.但是,他们徘徊犹豫,始终没敢迈出这一步,终于没有能叩开真理的大门.

相比之下,汤姆生的这种勇气是何等令人敬佩!他不愧是一位"最先打开通向基本粒子物理学大门的伟人"(杨振宁语).

1906 年,汤姆生获得诺贝尔物理学奖.但耐人寻味的是,获奖原因是为了表彰他在"气体导电方面的理论和实验研究",只字未提他发现电子的伟大功绩.可见,当时的科学界很难接受"原子可分"这样一种革命性的见解,甚至连量子假设的创始人普朗克(M. Planck)"那时也不完全相信电子假设".

从思维方法的角度看,汤姆生在原子躯体上切了一刀,对电子进行了研究,这是对原子结构的一次成功的分析.这种分析包含定性分析(判断阴极射线粒子是带负电的粒子)和定量分析(测出阴极射线粒子的荷质比).

原子包含带负电的微粒——电子,但原子整体一般是显中性的,因此,原子中一定还含有带正电的部分.那么,原子中带正电的部分和电子是如何组成原子的?也就是说,原子的结构究竟如何?这就是摆在科学家面前的重要任务——对原子的认识进行科学的综合.

从卢瑟福模型到玻尔模型

电子发现后,物理学家们根据自己的见解,提出了各种各样的原子模型,其中有洛仑兹(H. A. Lorentz)的弹性束缚电子模型、开尔文的包含电子的正电云模型、汤姆生的"面包夹葡萄干"模型、长冈半太郎的土星系模型、里兹(W. Ritz)的磁原子模型等. 其中以汤姆生的"面包夹葡萄干"模型的影响为最大. 他设想原子中带正电的主体像流体一样均匀地分布在球形的原子体积内,而带负电的电子则像"葡萄干"一样"浸浮"在球体内某些固定的位置上. 他还认为,原子光谱是在固定位置上的电子受正电荷作用做简谐振动的结果.

卢瑟福是汤姆生的学生(图1.5),自幼聪明勤奋,学习成绩优异. 1895年从新西兰到剑桥大学卡文迪许实验室学习. 1910年他与两名助手盖革(H. Geiger)和马斯登(E. Marsden)一起,用α粒子轰击原子内部,让α粒子通过固定的障板打在厚度约为0.0004 cm的金属箔上,四周用荧光屏来观察α粒子的运动. 卢瑟福本想通过实验

图1.5 卢瑟福勋爵和汤姆生爵士

来证实汤姆生的模型,原来设想的结果是α粒子长驱直入,不会有什么偏转,因为根据汤姆生模型,无论是电子,还是分散的带正电的那部分物质,都无法阻止α粒子的前进.可是,实际的结果让卢瑟福惊奇奇分:大多数α粒子沿直线穿过,少数粒子发生了大角度的偏转,甚至有的被反向弹回.后来他回忆说:"那真是我一生中遇到的最难以置信的事了.它几乎就像你用15英寸的炮弹来射击一张薄纸,而炮弹反回来击中你自己那样令人难以置信."

他从α粒子散射实验结果出发,作出了两条假设:

Ⅰ.只有极少数粒子被撞回来,说明原子中带正电的那部分物质的质量集中在一个很小的体积内.

Ⅱ.原子内大部分是空的,所以大部分α粒子都能自由穿过原子.

他认为原子的结构有点类似于太阳系.太阳系的绝大部分质量集中在太阳上,而原子的绝大部分质量也集中在位于中央的带正电的核上.

1911年2月,他发表了《α和β粒子物质散射效应和原子结构》一文,提出了原子的核式结构模型:原子的中心是带正电荷的原子核,质量很小的电子不停地绕核旋转.这样,卢瑟福首次完成了对原子结构的综合认识.

但是,卢瑟福的原子核式结构模型与经典物理学的理论是矛盾的.因为按照经典电磁理论,电子绕核运动存在着加速度,要向外发射电磁波,能量将逐渐减少,因而电子绕核运动的频率也将变化,它将向外发射连续光谱,这与原子的分立的明线光谱是相矛盾的.其次,原子能量的减少,使电子沿螺旋线运动,在万亿分之一秒内就会落到原子核上.这样,原子就坍缩了,整个世界也将毁灭.这显然是与事实相矛盾的.

看来,卢瑟福的核式结构模型是不完善的.经典理论与核式结构的矛盾,呼唤着一个新理论的诞生!

1 分析与综合——两种重要的思维方法

就在卢瑟福提出原子模型的 1911 年,丹麦物理学家玻尔在哥本哈根完成了大学学业,他心情激动地来到了剑桥大学,来到他日夜思念的人类知识中心. 英国文艺复兴时期诗人斯宾塞(E. Spenser)的诗句——"剑桥!我的母亲!在她那顶皇冠上,缀有多少睿智、多少冥思!……"始终令他心潮澎湃.

来到剑桥以后,他首先拜会了他所敬仰的物理学家汤姆生,想在汤姆生的指导下继续从事电子理论的研究. 他将自己的论文交给汤姆生,希望能在英国发表. 虽然汤姆生友好地接待了他,但对此课题没有兴趣,对玻尔关于原子结构的论文更不予重视. 玻尔一而再、再而三地遭到了冷遇,他实在伤心透了.

当玻尔成名以后,每每回忆这段往事时,总大笑不止,并劝告年轻人,不要轻易去拜会一个外国的知名人物.

由于在汤姆生手下干得不愉快,玻尔于 1912 年来到曼彻斯特大学卢瑟福实验室工作. 卢瑟福很快察觉了玻尔的才华,对他关怀备至,玻尔工作得也十分愉快.

面前提过,卢瑟福的原子核式结构学说遇到了困难. 玻尔敏锐地觉察到,在原子这个层次里,经典理论是不适用的,他在读大学时,曾仔细研究过普朗克和爱因斯坦(A. Einstein)的量子理论,于是在 1912 年春天,他提出了自己的模型. 其核心是两个著名的假设:

Ⅰ. 电子只能稳定地处于某些分立的状态,当电子在这些轨道上运动时不向外辐射能量.

Ⅱ. 当电子从一个轨道"跃迁"到另一个轨道上时,应该吸收或放出光,其能量等于两定态之间的能量之差(图 1.6),即 $h\nu = E_m - E_n$.

玻尔的理论第一次指出了原子体系和行星体系的本质区别,即微观世界和宏观世界的本质区别. 尽管这个理论还不够完善,但毕竟取得了很大的成功. 卢瑟福起初对这个理论有些怀疑,但最后还是接受了它. 而一些思想保守的物理学家们则竭力反对. 德国的劳

图 1.6 玻尔(左)和普朗克,以及氢原子的量子跃迁

厄(Max Von Laue)说:"这完全是胡说八道!"汤姆生也反对这一理论,他认为玻尔任意规定一个量子化条件,并赋予其动力学的意义,这不是物理,而是掩盖无知.

为了恢复旧观念,汤姆生作了许多努力,但却无济于事,玻尔的理论却不断被实验所证实.

1914 年,德国的夫兰克(J. Franck)和赫兹用电子和水银原子碰撞的实验发现水银原子只能从电子那儿吸收特定数值的能量(4.9 电子伏特),这无可非议地说明:水银原子的确具有玻尔所说的那种"完全确定的相互分立的能量状态."从而证实了玻尔的理论.

第一次世界大战以后,汤姆生承认自己跟不上时代了. 于是他辞去了卡文迪许实验室教授的职务,由他的学生卢瑟福接替了他.

1937 年,汤姆生终于承认了玻尔的贡献,那时,他已八十一岁高龄.

在汤姆生逝世前一个时期,他内心十分痛苦. 每当成了名的玻尔来看望他的老师卢瑟福时,汤姆生就尽量回避不见. 据说,这是因为汤姆生十分懊恼当初没有重视玻尔的才能.

读者会记起本书开头叙述的汤姆生发现电子的经过,青年时代的汤姆生勇敢地向原子切开第一刀时是何等朝气蓬勃、大胆无畏! 可成名以后的汤姆生却思想保守,看不起年轻人,死抱住陈旧的理论不放,自以为是,终究成为时代的落伍者,这是多么沉痛的教训!

从科学方法论的角度看,所谓综合的方法,就是在思想上把研究对象的各部分连接起来,把由分析获得的各个部分、单元、要素的认识复原为对对象的整体认识. 汤姆生发现电子以后,卢瑟福根据α粒子散射实验的结果提出的核式结构模型就是在原子这个层次上的一种综合认识,玻尔的原子理论是一种更加接近真理的综合认识. 但是,玻尔理论还是一种不彻底的量子理论. 十几年后,人们又发现电子具有波动的性质,所以电子没有精确的轨道,原子也没有一定的形状,就像一团有核的电子云. 进一步研究原子核和电子这对矛盾运动,是现代量子力学的任务.

天然放射现象

1895年,德国科学家伦琴发现了X射线(图1.7). 此消息一公布,迅即在全世界引起强烈的震动,其迅速、强烈的程度在整个科学史上可谓空前. 全世界各地的实验室都夜以继日地干起来. 正如卢瑟福所说,当时每一位物理学家都踏上研究X射线的征途. 各种新射线发现的消息不断传来:Y射线、Z射线、N射线、黑射线、铀射线等等. 其中很多所谓"射线",后来被实践证明是虚假的,而贝克勒尔发现的铀射线却是真的,这种射线被称为"贝克勒尔射线",这种现象称为天然放射现象(关于贝克勒尔发现天然放射现象的过程,详见本丛书《归纳与演绎》).

图1.7 伦琴

贝克勒尔发现天然放射现象以后,研究工作进展不大,因为他只局限于研究铀. 两年后,居里夫妇以敏锐的眼光和坚韧的毅力投射于放射性的研究,取得了巨大的进展,先后发现了钋、镭等放射性更强的物质,使放射性的研究有了一次大飞跃.

天然放射性现象发现后,物理学家们就想弄清它的本性.卢瑟福发现铀射线由两种辐射约成:一种贯穿本领小,他后来命名为α辐射;另一种贯穿本领比前者大 100 倍左右,他称之为β辐射.1900 年,法国的维拉尔德(P. U. Villard)发现还有一种穿透性更强的辐射,称为γ辐射.因此,人们认为天然放射线中有α、β、γ三种射线.

进一步研究这些射线的带电性质(在磁场中偏转),发现α粒子带两份正电荷(2e),质量与一个氦原子差不多;而β射线是高速电子流;γ射线类似 X 射线,是波长比 X 射线更短的电磁波.

轰开原子核大门

当卢瑟福指出原子是由原子核和核外电子两部分组成之后,又有些物理学家们止步不前了.他们认为原子可分,但原子核和电子是不可再分了.

原子核究竟是不是可以再分?它有没有更加复杂的结构?物理学家们继续探索这个问题.他们想弄清楚α、β、γ三种粒子究竟是来自电子还是原子核?α粒子带正电,质量是电子的 7000 多倍,显然不可能来自电子.而β、γ射线的能量为几十万电子伏特,远大于电子的能量,因此,也不可能来自电子.显然,三种射线均来自原子核,也就是说,原子核有其复杂的结构.

究竟原子核内部是如何构成的?物理学家们绞尽脑汁研究这个问题.

卢瑟福曾用α粒子这种"炮弹"轰开原子的大门,现在,他又想用这种"炮弹"去轰开原子核的大门了.

他选择较轻的原子核作为轰击目标,因为轻核的电量小,对α粒子的库仑斥力小.1919 年,他用α粒子轰击氮核,打出了质量与带电量都与氢核相同的粒子.他认定这就是氢核(质子).原来,氮核轰击

氮核,变成了氧核和氢核,其反应式为

$$_2^4He + _7^{14}N \rightarrow _1^1H + _8^{17}O$$

卢瑟福实现了人类历史上第一次原子核的人工转变!他实现了古代炼金术士转化元素的梦想,因此,他获得了"现代炼金术士"的美称.

人们起初以为原子核仅由质子组成,但这无法说明 α 粒子的结构:α 粒子若由 4 个质子组成,则质量数和电荷数均应为 4;若由 2 个质子组成,则质量数和电荷数均应为 2,这显然不符合 α 粒子质量数为 4、电荷数为 2 的实际. 于是,有人设想,组成 α 粒子的 4 个质子中,有两个分别粘着一个电子,这样,α 粒子的质量数就为 4 而电荷数就为 2 了(电子质量可以忽略)."一个质子粘着一个电子"就意味着一个中性的粒子. 1920 年,按照英国皇家学会向群众宣传科普知识的传统,卢瑟福在圣诞节给儿童们讲科学知识时提到:原子中有带正电的质子,有带负电的电子,为什么不可以有不带电的中性粒子呢?这又是一个大胆的预言. 当时,大多数科学家都对此持怀疑态度,可是,卢瑟福的学生查德威克(J. Chadwick)坚信卢瑟福的想法是有道理的. 当他完成了用镭发出的 α 粒子轰击原子核的任务后,向卢瑟福提出:"我认为,我们应该对不带电的中性粒子作一番认真的探索,现在,我已拟定了一个计划,请您审定."

从 1921 年开始,查德威克做了一系列实验去寻找中子,但十年过去了,仍未见到中子的踪影!

1930 年,德国的科学家玻特(W. Bothe)和贝克尔(H. Becker)用 α 粒子轰击铍,产生了一种穿透力极强的射线,能穿透几厘米厚的铅板而速度不发生明显的减小. 这种射线酷似 γ 射线,于是玻特在 1931 年苏黎世物理学家聚会上报道这一实验时,认为铍辐射是一种 γ 射线.

约里奥·居里夫妇(F. J. Curie & I. J. Curie)于 1932 年又做

了类似的实验。为了检查铍射线是否会被石蜡吸收，他们在铍和辐射侦测装置间放置石蜡，发现从石蜡中居然打出了质子！γ射线居然能从石蜡中打出质子，简直是不可思议的事！因为γ射线是由质量几乎是零的光子组成的，要碰动一个电子都是不可能的，现在居然能碰动质量是电子 1836 倍的质子，显然更不可能，这真像一个乒乓球能碰动一辆汽车一样的荒唐！

按正常的逻辑推理，约里奥·居里夫妇应该意识到自己可能已面临一个伟大的发现了，但是，他们囿于前人的研究成果，仍勉强地认为铍射线是γ射线，结果白白错过了一个科学发现的良机！

当查德威克看到居里夫妇的论文时，几乎立刻意识到，铍射线就是他寻找了十多年的中性粒子！他测出了铍射线的速度不到光速的十分之一，因此，不可能是γ射线（光子）。为了进一步确定这种中性粒子的质量，查德威克利用了弹性碰撞的规律。他用这种中性粒子去分别轰击含氢物质和含氮物质，根据弹性碰撞规律可算出被击出的氢核和氮核的速率（设它们原来静止）分别为

$$v_H = \frac{2m_中}{m_中 + m_H} v_中$$

$$v_N = \frac{2m_中}{m_中 + m_N} v_中$$

其中 $m_中$、m_H、m_N 分别代表中性粒子、氢核、氮核的质量，$v_中$ 代表中性粒子的原速，v_H、v_N 分别代表被击出的氢核和氮核的质量。

由此可得

$$\frac{v_H}{v_N} = \frac{m_中 + m_N}{m_中 + m_H}$$

查德威克测出氢核的动能为 4.7 MeV，氮核的动能为 1.2 MeV，用质谱仪测出氮核的质量与氢核的质量之比为 $m_N : m_H = 14 : 1$，这样可以得出

$$\frac{v_\mathrm{H}}{v_\mathrm{N}}=\frac{\sqrt{2E_\mathrm{KH}/m_\mathrm{H}}}{\sqrt{2E_\mathrm{KN}/m_\mathrm{N}}}=\sqrt{\frac{E_\mathrm{KH}m_\mathrm{N}}{E_\mathrm{KN}m_\mathrm{H}}}=7.5$$

代入前式,可以得出,中性粒子的质量是与质子质量近似相等的,即 $m_中 \approx m_\mathrm{H}$. 查德威克采用了美国化学家哈金斯(W. D. Harkins)的建议,将它命名为"中子".

当约里奥·居里得知查德威克发现中子的消息后,懊恼得用拳头打自己的脑袋,不停地说:"我真笨呀!"其实,约里奥·居里并不笨,查德威克之所以能迅速取得成果,是因为他早就对中子这个概念有精神上的准备,而约里奥·居里却完全没有朝"中性粒子"这个方面去想. 还有一个原因是约里奥·居里不重视广泛的学术交流,对卢瑟福早就提出过的关于中性粒子的设想并不关心,而是埋头在实验室做实验. 正如约里奥·居里所说:"要是我们夫妻俩听过卢瑟福的贝克利讲演的话,就不会让查德威克捷足先登了."

中子的发现,是人类探索原子秘密过程中的第二次重大发现(第一次是发现天然放射性现象),其意义不可低估. 因为中子不带电,不会受到原子核的库仑斥力,因此,很容易打进原子核中去. 发现中子后,许多科学家都用这个"新式武器"去打击原子核,从而实现了一系列核反应,包括由铀核裂变引起的"链式反应",最后导致原子弹和原子反应堆的诞生. 因此,可以毫不夸张地说:人类进入原子能时代的大门是被中子打开的.

卢瑟福关于中子的预言得到了证实. 发现原子核的是他,发现质子的是他,预言中子的也是他. 他不愧为"核物理之父",他的研究成果永垂史册. 1937年,卢瑟福病逝,安葬于伦敦威斯敏斯特公墓,伴随牛顿长眠于地下.

中子发现后,德国的物理学家海森伯(W. Heisnberg)和苏联的物理学家伊凡宁柯(Д. Д. Иваненко)分别提出原子核是由质子和中子组成的模型.

认识永无止境

原子核是由质子和中子组成的,但是,这些粒子是怎样结合在一起的呢?物理学家们经过几十年的探索,提出了各种原子核的模型来解释原子核的运动规律和现象.这些模型有:液滴模型、α粒子模型、费米气体模型、壳层模型、单粒子壳模型、多粒子壳模型、集体运动模型、统一模型等等.当然,人们对原子核运动规律的许多细节还远未了解,这种探索将永无止境地继续下去.

从思维方法的角度看,发现 α 粒子、β 粒子、γ 粒子、质子、中子并对其进行研究,是对原子核这个层次的分析,而提出的各种核模型则是对原子核的综合认识.

综上所述,我们认识到:人类正是通过不断地分析、综合,再分析、再综合,才逐步认识了物质的微观结构.

从道尔顿的原子分子论到卢瑟福的原子核式模型、玻尔的原子模型;从原子的各种结构模型到基本粒子的"夸克"模型,人类对物质微观结构的认识是一个层次更深入一个层次地进行的.对物质的某一个层次的认识,相对上一个层次来讲是一种分析的认识,但对于下一个层次来讲又是一种综合性的认识.如道尔顿的原子论和门捷列夫的周期律,先是对化学元素和原子这个层次的认识,这些认识对化合物来说是一种分析的认识,因为它能从组成上来说明化合物的性质;但这些认识对于原子内部的电子和原子核来说又是一种综合性的认识,因为原子(或元素)表现出来的一些性质,如原子量、原子序数、化合价等都是原子内部电子和原子核相互作用的整体效应,必须从原子内部的相互连接上和总体上来把握原子,才能说明各种元素为什么有不同的原子量、化合价等等.这说明,分析和综合对不同的物质层次来说也有一个转化的问题,这正说明了分析与综合这两种思维方式的辩证统一.

2 几种基本的分析方法

从科学发展的历史看,科学上的许多重大发现,都是运用分析的方法取得的.前面谈过,所谓分析,并不是把事物机械地分割为各个元素加以罗列,而是把事物的各个方面放到矛盾诸方面的相互联系、相互作用、相互转化中去.因此,分析应该是矛盾的分析,这才是辩证的分析方法.在物理学研究中,无论是观察实验还是理论研究,都要运用这种分析的方法.物理学中常用的分析方法有:定性分析法、定量分析法、因果分析法、比较分析法、元过程分析法等等,下面分别作一些介绍.

2.1 定性分析

所谓定性分析,就是判断性的分析,如判断某种因素是否存在,判断某种事物的性质等.例如,我们在上一节中谈到的汤姆生发现电子过程中借助于实验确定电子是带负电的微粒,就是一种定性分析.下面,我们再举几个物理学中定性分析的例子.

正电子的发现

1928年,英国物理学家狄拉克(F. A. M. Dirac)在处理量子力学中一个符合相对论的方程时,出现了一个很有趣而耐人寻味的问题——解方程时出现了电子的能量有一正、一负两个值的情况. 按照中学生朋友的理解,负值应该作为"增根"舍去,当年狄拉克也是这样想的. 但是,狄拉克仔细研究了负能态的值,提出了一个非常成功的电子理论,这个理论预言:存在一种电子的"反物质"——正电子,正电子带正电荷,电量、质量与电子相同,符号为 e^+. 他还认为正、负电子对可由光子在真空中产生出来,当正、负电子碰撞时,就湮灭为光子. 但是,这仅仅是一个预言,在实验中人们尚未发现.

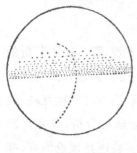

图 2.1

1932 年,美国物理学家安德森(C. D. Anderson)研究宇宙射线在磁场中的偏转时,发现了正电子. 安德森在威尔逊云雾室中放置一块 6×10^{-3} m 厚的铅板,用以减慢粒子的速率,使粒子的轨迹曲率加大(曲率半径减小). 实验中,安德森让宇宙射线中的粒子通过云室中的强磁场,并拍下了粒子径迹的照片(如图 2.1). 大家知道,带电粒子在磁场中做圆周运动时其向心力由洛伦兹力提供,即

$$\frac{mv^2}{R}=Bqv$$

所以轨道半径为

$$R=\frac{mv}{Bq}$$

由于粒子穿过铅板时损耗了动量,因此曲率半径要变小. 所以,从照片上看,粒子一定是从下往上穿过铅板. 又因为磁场是垂直纸面向里的,所以可以断定粒子带正电荷. 是质子吗? 不可能,因为一个有足够动量穿过铅板的质子轨迹,在云室的磁场中是不可能显示可见的曲度的(即其轨迹接近直线). 这个结论可通过下述推理得出:

设粒子动能为 E_K,动量为 p,欲穿过铅板,E_K 必须达到一定值,

2 几种基本的分析方法

可得

$$E_K = \frac{p^2}{2m}$$

$$p = \sqrt{2mE_K}$$

$$R = \frac{mv}{Bq} = \frac{\sqrt{2mE_K}}{Bq}$$

对质子而言，m 很大，若 E_K 也很大，则 R（曲率半径）必然很大，即轨迹接近直线．

相反，若轨迹是弯曲的，即 R 很小，则由

$$E_K = \frac{B^2 q^2 R^2}{2m}$$

可知，E_K 很小，不能穿过铅板．

仔细审查这张照片后，安德森不得不作出这样的结论：这是一张带正电荷的电子的轨迹照片．

安德森并不熟悉狄拉克的电子理论，也不知道他曾预言过正电子的存在，他发表了一篇论文，立即得到所有物理学家的认可，当然，这同样也是狄拉克预言的胜利．

从思维方法的角度看，安德森在实验中发现正电子，也是因为他对照片进行了成功的定性分析的结果．

值得一提的是，在安德森发现正电子以前，约里奥·居里夫妇就曾经清楚地在云室中看到过正电子的径迹．但是，他们把它理解为向放射源移动的电子．其实，他们只要认真地想一想：向放射源移动的电子究竟来自何处？这应该是很令人费解的．这样，继中子以后，约里奥·居里夫妇又因错误的分析而失去了一次重大发现的机会，实在是可惜！

一次有重大意义的失败实验

19 世纪以后，光的波动说取代了牛顿的微粒说．人们认为，光既然是一种波，就应该有传播光波的媒介．光能在真空中传播，因此，

这种媒介就应充满整个宇宙.这是一种什么媒介呢?物理学家们设想了一种媒质——以太,而且赋予"以太"许多自相矛盾的性质:它是一种具有非常强的恢复力的弹性介质,但又极其稀薄,质量极小,万物穿过其中不受任何阻碍,而且是绝对静止的.从"以太"这个概念提出起,许多物理学家纷纷设计各种实验去寻找"以太",其中有一种实验,就是测"以太"的"漂移速度".人们认为"以太"是绝对静止的,而地球又以30公里/秒的高速度绕日旋转,因此,地球和"以太"之间存在着相对速度(漂移速度),在地球上应该感受到一种"以太"风,正如在无风时,在高速行驶的敞篷汽车上,人会感受到迎面扑来的一股风一样.

1879年,年轻的美国物理学家迈克耳逊(A. A. Michelson)决心测出"漂移速度",他坚信宇宙间存在以太.

他设计了一种干涉仪(迈克耳逊干涉仪),其原理如图2.2所示.

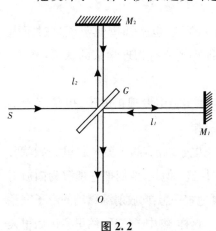

图 2.2

从光源 S 发出的单色光经半镀银的玻璃片 G 分成两部分,一部分透过 G 向右,经反射镜 M_1 反射回来,再经 G 反射到观察者 O 处;另一部分光经 G 向上反射,到达反射镜 M_2 后又被反射回来,再透过 G 射到观察者 O 处.这两部分光满足相干条件,故相遇时能发生干涉.假如"以太"设想是正确的,设想"以太"相对太阳系静止,那么地球就相对于"以太"以 30 km/s 的速度运动.若地球相对"以太"以速度 v 沿 GM_1 方向运动,则地球上的观察者观察的光速沿 GM_1 方向为 $(c-v)$,从 M_1 回到 G 的速度为 $(c+v)$,所以光从 G 到 M_1 再回到 G 所需的时间为

$$t_1 = \frac{l_1}{c-v} + \frac{l_1}{c+v} = \frac{2l_1}{c}\left(\frac{1}{1-v^2/c^2}\right)$$

对"以太"来说,光从 G 到 M_2 是沿三角形的斜边走的,如图 2.3 所示. 光速在直角边上的分量为 $\sqrt{c^2-u^2}$,这就是地球上观察到的光从 G 到 M_2,再从 M_2 到 G 的速度. 因此,光从 G 到 M_2,再从 M_2 回到 G 所需的时间为

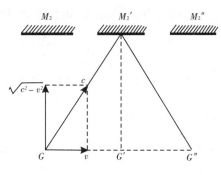

图 2.3

$$t_2 = \frac{2l_2}{\sqrt{c^2-v^2}} = \frac{2l_2}{c} \cdot \frac{1}{\sqrt{1-v^2/c^2}}$$

由以上两式可以看出,同时从 G 发出的两部分光,分别经 M_1 和 M_2 反射后再回到 G,其时间差为

$$\Delta t = t_2 - t_1 = -\frac{2}{c}\left(\frac{l_1}{1-v^2/c^2} - \frac{l_2}{\sqrt{1-v^2/c^2}}\right)$$

再将仪器转过 90°,则 l_1 和 l_2 两臂互换(此时 l_2 臂与 v 平行),按上面同样分析,这两部分光回到 G 的时间差为

$$\Delta t' = t_2' - t_1' = \frac{2}{c}\left(\frac{l_2}{1-v^2/c^2} - \frac{l_1}{\sqrt{1-v^2/c^2}}\right)$$

这一旋转引起的时间差的变化为

$$\delta t = \Delta t' - \Delta t = \frac{2}{c}\left(\frac{l_1+l_2}{1-v^2/c^2} - \frac{l_1+l_2}{\sqrt{1-v^2/c^2}}\right)$$

利用二项式展开,略去高次项,则得

$$\delta t \approx \frac{l_1+l_2}{c}\left(\frac{v^2}{c^2}\right)$$

与这段时间差相应的光程差为

$$\Delta = c \cdot \delta t = (l_1 + l_2)\frac{v^2}{c^2}$$

根据波的干涉原理,因仪器转过 $90°$,干涉条纹移动的数目应为

$$N = \frac{\Delta}{\lambda} = \frac{l_1 + l_2}{\lambda}\left(\frac{v^2}{c^2}\right)$$

1881 年,在迈克耳逊的首次测量中,$l_1 + l_2 = 1.2$ m,$\lambda = 5900 \times 10^{-10}$ m,$\frac{v^2}{c^2} = \left(\frac{30}{3 \times 10^5}\right)^2 = 10^{-8}$,因此,期望条纹移动 0.04 条,但结果几乎没有移动.迈克耳逊不得不承认:"结果只能解释为干涉条纹几乎没有移动,静止'以太'的假设被证明为不正确的,并且可以得出一个必然的结论:该假设是错误的."

1887 年,在其他物理学家的鼓励下,迈克耳逊又下决心与著名化学家莫雷(E. W. Morley)合作,再次实验,他们满怀信心,认为有极大的把握.这次他们把光程增大了 10 倍,为了减小转动摩擦,他们把安装光学仪器的大石板浮在水银面上.然而,经过 5 天实验,结果仍和以前一样,"以太"漂移速度仍然测不到,不存在什么"以太风".

这一结果使物理学家们大失所望,连迈克耳逊本人也觉得实验失败了.但有一点值得自慰的是,因为他在"精密光学仪器和利用这些光学仪器进行基本度量"方面的研究,而获得了 1907 年诺贝尔物理学奖.

迈克耳逊—莫雷实验的零结果使不少持"以太"观念的物理学家们不知所措.洛仑兹说:"我现在不知道怎样摆脱这个矛盾."1900 年开尔文在一次讲话中说,经典物理学的万里晴空中出现了两朵"乌云",其中有一朵"乌云"就是"以太漂移"的"零结果",他认为,这一朵"乌云"是非常稠密的……

是的,正是这些"乌云"本身,孕育了 19 世纪末和 20 世纪初的一场激烈的物理学革命的风暴,展现了 20 世纪宏伟的物理学前景.

迈克耳逊—莫雷实验有着重大的历史意义——它动摇了 19 世

纪占统治地位的"以太"假说,从而为爱因斯坦创立狭义相对论铺平了道路①. 爱因斯坦曾对这位物理学界的前辈表示了极大的尊重:"我尊敬的迈克耳逊博士,您开始工作时,我还是一个小孩子,只有一米高. 正是您,将物理学家引向新的道路. 通过您的精湛的实验工作,铺平了相对论发展的道路. 您揭示了光的以太理论的隐患,激发了洛仑兹和菲兹杰诺的思想,狭义相对论正是由此发展而来."

迈克耳逊—莫雷实验是一次极成功的决断性实验,它得出了"以太"不存在的结论. 从思维方法的角度看,它是一次成功的定性分析.

2.2 定量分析

定量分析,就是对事物作数量上的分析. 一切事物都是质和量的统一体,事物的质变和量变是紧密联系和相互制约的. 所以,对任何事物进行研究,都必须进行定量分析. 借助于定量分析,有时能预见新发现. 如前面叙述的开普勒抓住8弧分的误差不放,研究了火星的轨道,进而总结出开普勒三定律,革新了整个天文学;汤姆生定量地测出电子的荷质比,肯定了电子的发现,在原子精细的躯体上切开了第一刀;查德威克进行了中子与氢核、氮核的碰撞实验,进行了定量计算,从而确定了中子的质量,发现了中子等等,这些都是借助于定量分析作出科学新发现的精彩例证.

从物理学发展的历史看,人们对物理学从定性研究转入定量研究是必然的发展趋势.

例如,哥白尼提出"日心说",是人类对宇宙认识的翻天覆地的伟大变革,但是,这个学说仅仅是从总体上、从定性的角度看是正确的;从细节上看,从定量的角度看,就不能这样说了. 因为它还很粗糙,

---

① 关于迈克耳逊实验对爱因斯坦建立狭义相对论的作用问题,是有争议的,有人认为,这个实验对相对论的建立起了"决定性的作用",也有人认为这种说法是不确切的.

甚至还包含一些错误,如哥白尼认为天体只能以均匀的速度绕日做圆周运动,而实际天体的运动并非如此.第谷经过长期的天文观察,积累了丰富的数据,直至开普勒对天体的运动作了定量分析,以精确的数学形式确定了行星运动三定律,才使天文学真正成为一个科学的理论体系.

又如,伽利略(G. Galilei)是近代物理学的奠基人,他首先接触"惯性"这个概念,证明了力是物体运动状态改变的原因而不是物体运动的原因.但是,限于当时的数学发展水平,他还不能像以后的牛顿(Isaac Newton)那样,以严格的数学形式把运动定律定量地表达出来.直到后来牛顿发明了微积分这样的数学工具,定量地表述了运动定律,经典力学才得以完成.

再如,法拉第(M. Faraday)首先以其丰富的想象力提出了"场"的概念,为电磁学奠定了基础.但他对电磁现象的研究基本上是定性的.直到麦克斯韦(J. C. Maxwell)建立了著名的麦克斯韦方程组以后,才真正建立了精确的定量的电磁理论,最终建立起宏伟的经典物理大厦.

从哥白尼到开普勒,从伽利略到牛顿,从法拉第到麦克斯韦,都是物理学发展史中的里程碑式的人物,说明了从定性分析发展到定量分析对于科学发展的重要性.

下面,再举几个物理学史中进行定量分析的实例.

哈雷彗星回归和海王星的发现

在牛顿以前,人们认为彗星是神秘的星体,牛顿却认为,彗星并不神秘,它同样遵循力学规律.英国天文学家哈雷(E. Halley)根据牛顿理论进行定量计算,指出1682年出现的大彗星就是在1531年、1607年观察到的彗星,并预言它将在1758年再次出现.1743年,克雷洛计算了木星和土星对它的摄动作用,指出了它下次经过近日点

2 几种基本的分析方法

的时间是1759年4月. 1759年3月13日,人们果然观察到彗星通过近日点. 这件事轰动了欧洲,后来人们就把这颗彗星定名为"哈雷彗星".

1781年,英国的天文学家赫歇耳(J. Herschel)发现了天王星. 以后,人们总是发现天王星的轨道计算结果与实验观察有出入,于是就有人怀疑起牛顿的万有引力定律了. 1845年,年仅23岁的剑桥大学学生亚当斯(J. C. Adams)认为可能有一个未知的行星影响天王星的运动. 但是,在茫茫宇宙中,要找到这颗未知的星体,犹如大海捞针一样,是何等的困难! 但亚当斯勇敢地面对这个难题,经过两年艰苦的计算,找到了这颗未知的行星,从而证明了天王星运动的"不正常行为"不是万有引力定律不灵,而恰恰是其他一颗未知行星对天王星施加了万有引力的结果.

可惜亚当斯这个无名小辈的看法并未引起权威们的重视,他的计算结果被弃之不理.

1846年,法国巴黎天文台的青年天文学家勒维烈(U. J. J. Leverrier)独立地算出这个未知行星的方位,接着德国人伽勒(J. G. Galle)在勒维烈所指示的方位,通过观察很快地发现了海王星.

巴黎天文台长阿拉果(D. F. J. Arago)风趣地说:"勒维烈发现这个新的天体,却没有朝天空望过一下,他在他的笔尖下便看见这颗行星了."

上述两个实例生动地说明了定量分析对科学预见所起的巨大作用.

解释原子"密码"的钥匙

埃格斯特朗(A. J. Ångström)首先从气体放电的光谱中找到了氢的红线,即H_α线,以后又发现了氢光谱在可见光区域内的另外几根谱线. 氢光谱如图2.4所示,谱线标志、颜色和波长如表2.1所示.

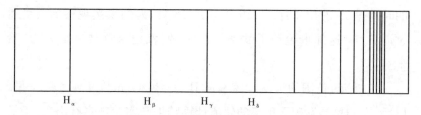

图2.4 氢光谱的巴尔末系

表2.1

谱线标志	颜　色	波　长
H_α	红	656210×10^{-10} m
H_β	深绿	4860.74×10^{-10} m
H_γ	青	4340.10×10^{-10} m
H_δ	紫	4101.20×10^{-10} m

　　1880年休金斯(W. Huggins)和沃格尔(H. C. Voger)成功地拍摄了恒星的氢光谱,发现氢光谱还可以扩展到紫外区,一共14条,组成一个光谱系,这个光谱系具有鲜明的阶梯形,一条接一条,非常有规律. 当时人们知道,原子光谱是原子的特征,每个元素的原子都有其独特的光谱,那么,氢光谱中各谱线的排列应该有其规律,而且这个规律与氢原子的构造应该有某种关系,这些,都激励着物理学家们去研究、去探索.

　　瑞士的中学教师巴尔末(J. J. Balmer)成功地解决了这个难题. 巴尔末擅长投影几何,对建筑结构、透视原理、几何素描都有浓厚的兴趣. 贝塞尔大学的物理学教授哈根拜希(Hagenbach)鼓励他,并提供了氢光谱谱线的数据. 面对这一串串数据,一开始,巴尔末也感到束手无策. 但后来他凭借对几何特有的素养,领悟到谱线波长趋于某一极限值,借助几何图形推测可能是平方关系. 他从埃格斯特朗提供的数据中找到了公因子 $b=3645.6\times10^{-7}$,再将这一基数乘以系数 $\frac{9}{5}$、$\frac{4}{3}$、$\frac{25}{21}$、$\frac{9}{8}$ 就得到了氢的前 4 条谱线. 下面的关键,就是要找到 $\frac{9}{5}$、$\frac{4}{3}$、$\frac{25}{21}$、$\frac{9}{8}$ 之间究竟有何规律性?如果把第二、第四个系数的分子都扩大四倍,这个规律就隐约可见了:$\frac{9}{5}$、$\frac{16}{12}$、$\frac{25}{21}$、$\frac{36}{32}$,即 $\frac{3^2}{3^2-2^2}$,$\frac{4^2}{4^2-2^2}$,$\frac{5^2}{5^2-2^2}$,$\frac{6^2}{6^2-2^2}$.

由此可改写成公式:

$$\lambda = b\frac{n^2}{n^2-2^2}$$

b 为公因子,$b=3645.6\times10^{-7}$ mm,n 取 3、4、5、6,用这些系数与公因子 b 相乘所得的波长与埃格斯特朗测得的数据比较如表 2.2 所示(以 10^{-7} mm 为单位).

表 2.2

根据公式计算	埃格斯特朗所测数据	差值
H_α 6562.08	6562.10	+0.02
H_β 4860.8	4860.74	−0.06
H_ν 4340.0	4340.10	+0.10
H_δ 4101.3	4101.20	+0.10

由此看出,根据巴尔末公式计算的结果与实测数据的相对误差最大不超过四万分之一,这个偏差很可能是观测误差引起的.

为了验证公式的正确性,巴尔末对 $n=7$ 进行了计算,得

$$\frac{7^2}{7^2-2^2}=\frac{49}{45}$$

算出的波长为 $\frac{49}{45} \cdot b = 3969.65 \times 10^{-10}$ m 这个位置在光谱上仍属可见光区,但很靠近紫区. 起初,巴尔末还未掌握这条谱线的资料,因此,对此也表示怀疑. 后来,他查阅了 1883 年出版的有关资料,发现两者符合得很好! 以后,他又证明了 14 条谱线均能很好地符合计算值,因此,他确认,公式 $\frac{n^2}{n^2-2^2}$ 是正确的. 后人称此公式为巴尔末公式.

巴尔末所揭示的氢光谱的规律对卢瑟福、玻尔建立原子结构理论都有启发. 当玻尔理论成功地解释了氢光谱的规律后,人们对原子结构与光谱的关系才有了本质的了解.

玻尔根据他的假设,利用经典电磁理论和牛顿力学计算出氢的电子在各种可能轨道上运动时的能量(包括动能和电势能)为

$$E_n = -\frac{2\pi^2 k^2 e^4 m}{n^2 h^2} \quad (n=1,2,3,\cdots)$$

式中 k 是静电力恒量,e 和 m 分别为电子的电量和质量,h 是普朗克恒量. 计算时选离核无限远时电势能为零,所以,原子的能量 E_n 取负值.

由量子数 n 决定氢原子各定态的能量值,通常称为能级. 氢原子的能级图如图 2.5 所示.

2 几种基本的分析方法

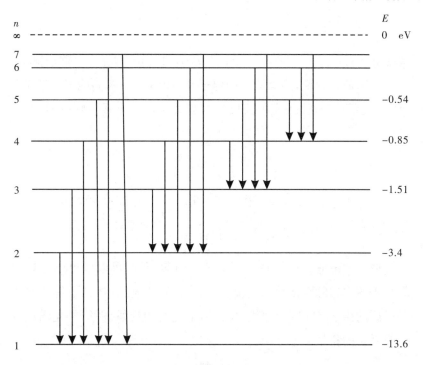

图 2.5 氢原子能级图

在正常状态下,原子处于最低能级,称为基态,原子吸收一定能量后,可处于某种激发态,从激发态跃迁回基态,可辐射能量,这就是原子的发光现象.

氢原子从能级 n_2 跃迁到能级 $n_1(n_2>n_1)$ 时,设辐射出的光子频率为 ν,那么,按照氢原子能级公式,则有

$$\nu = \frac{E_2-E_1}{h} = \frac{2\pi^2 k^2 e^4 m}{h^3}\left(\frac{1}{n_1^2}-\frac{1}{n_2^2}\right)$$

由于 $\nu=c/\lambda$,所以

$$\frac{1}{\lambda}=\frac{2\pi^2 k^2 e^4 m}{h^3 c}\left(\frac{1}{n_1^2}-\frac{1}{n_2^2}\right) \quad (2.1)$$

巴尔末公式 $\lambda=b\dfrac{n^2}{n^2-4}$ 可改写为

$$\frac{1}{\lambda}=R\left(\frac{1}{2^2}-\frac{1}{n^2}\right) \qquad (2.2)$$

其中 $n=3,4,5,\cdots;R=4/b=1.096776\times 10^7\ \mathrm{m}^{-1}$，称为里德伯恒量.

按照玻尔理论，当氢原子中电子从 $n=3,4,5$ 等高能级跃迁至 $n=2$ 的能级时，放出的光子波长为 λ（氢光谱巴尔末系），则由式(2.1)可得

$$\frac{1}{\lambda}=\frac{2\pi^2 k^2 e^4 m}{h^3 c}\left(\frac{1}{2^2}-\frac{1}{n^2}\right)$$

与巴尔末公式(2.2)相比较，可以看出它们是相同的，其中，$R=\frac{2\pi^2 k^2 e^4 m}{h^3 c}$，计算的结果完全相符.

玻尔理论成功地解释了氢光谱．因此，我们可以说巴尔末以对氢光谱的成功的定量分析打开了光谱奥秘的大门，找到了解释原子"密码"的钥匙．以后，人们陆续总结了光谱的规律，使原子光谱成为一门系统的科学．

> 定量分析的实际应用举例

随着科技的进步，特别是计算机技术的发展，人类对事物的量的观察和记录更加迅速、便捷和准确。因此，定量分析在科研、生产和生活的方方面面都得到广泛的应用，下面举例说明。

Ⅰ．利用放射性元素碳 14 测量年代

放射性物质的原子数目在衰变时是按指数规律随时间的增加而减少的，称为指数衰变规律：

$$N=N_0 \mathrm{e}^{-\lambda t}$$

其中 N_0 是 $t=0$ 时的放射性核的数目，N 是时间为 t 时刻的放射性核的数目，λ 是衰变常数，表示放射性物质随时间衰变快慢的程度。

在活着的有机物体内，有一部分碳元素为稳定同位素碳 12，还有一小部分是放射性同位素碳 14。生物活着时通过摄食来补充碳 14，

2 几种基本的分析方法

而当某种植物或动物死亡后,其体内的碳 14 就因得不到补充而开始减少,但稳定同位素碳 12 的含量不会变.

在已知碳 14 衰变常数 λ 的前提下,可以通过测量样品中的碳 14 衰变的程度来计算出样品的年代. 此法由美国的威拉得·利比(Willard Frank Libby)发明,他因此获得 1960 年诺贝尔化学奖.

1991 年 9 月,两名德国登山游客来到阿尔卑斯山探险. 在一个三千米深的山谷中,他们发现了一具赤裸、扭曲、脸朝下趴在冰雪中的尸体(图 2.6). 起初两位探险者以为这个冰人是一位发生意外的现代登山者. 而科学家用碳 14 年代测定法测出阿尔卑斯山冰人奥茨是生活在 5300 年前的古人.

图 2.6

Ⅱ. 利用多普勒效应规律的定量分析

1842 年,奥地利数学家、物理学家多普勒(Doppler)发现,火车从远而近时,汽笛声的音调变高,而火车从近而远时,音调变低. 他进行了研究,发现这是由于波源与观察者之间存在着相对运动,使观察者听到的声音频率不同于振源频率,这就是频移现象. 后人把它称为"多普勒效应".

在运动的波源前面,波被压缩,波长变得较短,频率变得较高(蓝移);在运动的波源后面,会产生相反的效应:波长变得较长,频率变得较低(红移).所有波动现象(声波、电磁波)都存在多普勒效应(见图 2.7).

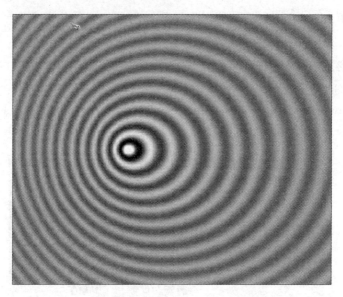

图 2.7

当波源向观察者移动时,声音频率变高.设 f' 为观察者测到的波频率,f 为波源发出的波的频率,c 为波在该介质中的传播速度,v_s 为波源向观察者移动速度,则

$$f' = \frac{c}{c - v_s} f$$

多普勒频移为

$$\Delta f = f' - f = \frac{v_s}{c - v_s} f$$

即测得的波频率大于波源的波频率(蓝移).当波源离观察者而去时,v_s 为负,即测得的波的频率小于波源的波频率(红移).

2 几种基本的分析方法

多普勒效应在实际中有着广泛的应用.

声波的多普勒效应可以用于医学的诊断,也就是我们平常说的彩超(图 2.8).

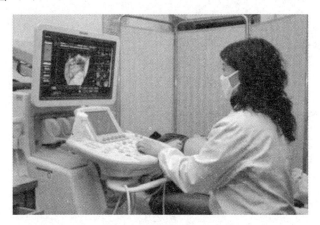

图 2.8

为了检查心脏、血管的运动状态,了解血液流动速度,可以通过发射超声来实现. 由于血管内的血液是流动的物体,所以超声波振源发出的波经运动的血液反射回来,就产生多普勒效应. 血液向着声源运动时,反射波的波长被压缩,因而频率增加. 血液离开声源运动时,反射波的波长变长,频率减小. 反射波频率增加或减少的量是与血液流动速度相关的,从而就可根据超声波的频移量测定血液的流速. 测量血管内的流速度和血液流量,对心血管的疾病诊断具有一定的价值.

交警持仪器向行进中的车辆发射频率已知的超声波,同时测量反射波的频率,根据反射波的频率变化的多少就能知道车辆的速度(图 2.9). 装有多普勒测速仪的监视器有时就装在路的上方,在测速的同时把车辆牌号拍摄下来,并把测得的速度自动打印.

2014 年 3 月 8 日,马航 MH370 失联. 17 天后,马来西亚总理纳吉布召开新闻发布会宣布:"根据最新数据,MH370 航班在印度洋南

部终结."国际海事卫星组织副总裁麦克洛克林解释说,他们运用多普勒效应理论,结合其他参考因素,在大量数据分析的基础上给出了 MH370 的最终走向.

图 2.9

天文学家用望远镜观察遥远的恒星,发现都存在光谱红移的现象,根据多普勒效应原理,光谱红移是由于恒星远离我们而去的结果. 1929 年,美国天文学家哈勃(Edwin Powell Hubble)根据"所有星系都在彼此互相远离,而且离得越远,离去的速度越快"这样一个天文观测结果得出结论:整个宇宙在不断膨胀. 哈勃的工作导致了现代宇宙学的兴起. 图 2.10 为哈勃太空望远镜.

Ⅲ. 全球定位系统(GPS)

全球定位系统由 24 颗均匀分布在 6 个轨道平面内的卫星组成(图 2.11),卫星上安装了高精度的原子钟,卫星高度 2 万千米. 它是一个全天候的自动定位和导航系统. 通过接收 GPS 卫星发射的时间-频率信号,判断和计算接收者的位置. 经过广义相对论修正(时钟快慢随引力场强度而变)的 GPS 精度可达到 1 米以内. 现在的 GPS 系统已可装备到家用汽车上了(图 2.12).

图 2.10

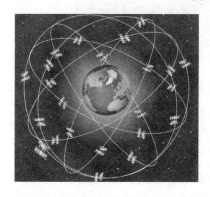

图 2.11

图 2.12

Ⅳ. 遥感技术

遥感是指非接触的、远距离的探测技术．遥感是通过遥感器这类对电磁波敏感的仪器，在远离和不接触目标物体的条件下探测目标物，获取其反射或辐射的电磁波信息并进行提取、判定、加工处理、分析与应用的一门科学和技术（图 2.13）．根据工作平台不同可分为地面遥感、航空遥感（以气球、飞机为平台）、航天遥感（以人造卫星、飞船、空间站、火箭为平台）．

以上所举的例子都是定量分析的精彩实例．

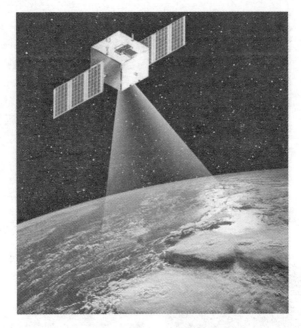

图 2.13

2.3 因果分析

我们认识物理现象时,必然会遇到现象之间错综复杂的关系,即现象之间的相互制约和普遍联系,而因果关系则是物理现象间相互制约和普遍联系的主要表现形式之一. 甲现象是乙现象产生的原因,乙现象是甲现象的必然结果,这种情况是普遍存在的. 因此,对物理现象进行因果分析是一种重要的分析形式.

通俗一点讲,定性分析是解决"是什么"的问题;定量分析是解决"有多少"的问题;而因果分析是解决"为什么"的问题.

在物理学发展史中,关于因果关系的分析常常是导致物理学重大发现的前奏.

应该说,历时最久、最具有根本意义的因果关系的讨论,要算

2 几种基本的分析方法

"力"和"运动"之间的因果关系讨论了.

自古以来,人们根据直觉经验,认为"力是物体产生运动的原因"——物体受力作用就运动,不受力就静止. 这个观点,以亚里士多德(Aristotle)为代表,统治了两千年之久.

直到 17 世纪,意大利物理学家伽利略设计了一个理想实验,正确地讨论了"力"和"运动"之间的因果关系.

如图 2.14,一个光滑且坚硬的小球从 A 点沿光滑斜面 AB 下落,它将以获得的速度沿任何对接斜面(BC、BD、BE、…)上升到 A 的同一水平高度,正如沿 DB 下落比沿 CB 下落具有较小的加速度一样,小球沿 BD 上升比沿 BC 上升也具有较小的减速度. 所以,随着斜面倾斜度的减小,小球上升的减速度也减小,小球运动的时间也就越长. 在水平面 BF 上,减速度将减小到零,小球将以恒定的速度永远运动下去. 伽利略写道:"任何速度一旦施加给一个运动着的物体,只要除去加速或减速的原因,此速度就可保持不变." 这就是伽利略关于惯性的思想. 伽利略正确地分析了"力"和"运动"的因果关系——力是产生加速度的原因,而不是像亚里士多德所说的是产生匀速度的原因.

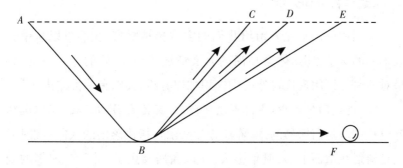

图 2.14

伽利略的正确的因果分析为牛顿的动力学奠定了基础. 正如爱因斯坦所说的那样:"伽利略的发现以及他所应用的科学推理方法是

人类历史上最伟大的成就之一."

在物理学史上,也有科学家对物理现象作出错误的因果分析的例子.

18世纪,意大利的生物学家兼医生伽伐尼(L. A. Galvani)看到,当助手的解剖刀碰到死去的青蛙腿暴露在外的神经时,蛙腿竟然猛地抽动了一下.他十分感兴趣,经过研究,他提出了"生物电"的观点——动物体内可以产生一种电流,它是蛙腿抽搐的原因.然而,这是一个错误的因果分析.

伽伐尼的好友、意大利的科学家伏打(C. A. Volta)经过三年的刻苦研究,才发现了蛙腿抽搐的真正原因——不是什么"生物电"起作用,而是不同金属接触产生了"接触电位差",是它引起了电流,而生物体只不过是通过电流的导体而已.伏打由此而继续研究,发明了"伏打电堆"——人类第一次制造了能获得稳定电流的电源.因此,可以说,关于"蛙腿为什么会痉挛"的争论导致了电学上的重大发现和发明.

关于物理学史上因果关系的分析,在本丛书《归纳与演绎》一书中专门有介绍,这里就不再详述.

趣谈古诗词分析

中国古诗词是先人留给我们的宝贵精神财富,我们可以从中获取丰厚的文学素养,体会高尚的人文情怀,得到美好的艺术享受.如果对某些诗词用现代自然科学知识加以分析,会别有一番趣味.

"一道残阳铺水中,半江瑟瑟半江红.可怜九月初三夜,露似真珠月似弓."这是白居易的诗《暮江吟》.残阳是指快落山的太阳,此时光线是斜射在水面上,入射角很大,所以白居易用了"铺"字,何等的确切!水面上阳光未照到的部分呈现出江水原来的深绿色(瑟瑟),阳光照到的部分则呈现殷红色.为什么夕阳是红色的?这要从光的散射定律说起.光的散射是指光通过不均匀介质时一部分光偏离原方向传播的现象. 偏离原方向的光称为散射光. 瑞利于 1871 年提出瑞利散射定律, 即散射光的强度与波长的四次方(λ^4)成反比. 太阳光(白光)是由各种不同频率的单色光(红、橙、黄、绿、蓝、靛、紫)混合而成的, 其中红光波长最长, 紫光波长最短. 旭日初升和夕阳西下时, 阳光均斜射到地面, 通过大气层的路程最长, 散射现象最明显. 根据瑞利散射定律(散射光的强度与 λ^4 成反比), 偏紫色一端(波长短)的光散射强度大, 即波长短的光大量被散射掉, 剩余的波长长的橙红色光则穿过大气层进入人们的眼中, 因此, 我们看到的夕阳是红色的. 而农历九月已是深秋季节, 滴滴清露就像粒粒珍珠一般; 初三的月亮是娥眉月, 像是一张精致的弓. 白居易对自然现象精细的观察和准确的描绘, 令我们惊叹不已.

"白日依山尽, 黄河入海流. 欲穷千里目, 更上一层楼"是唐代诗人王之涣留下的脍炙人口的诗篇; "昨夜西风凋碧树, 独上高楼, 望尽天涯路"是宋代词人晏殊留下的词句, 清代学者王国维在《人间词话》中将它借用为"古今成大事业大学问者必经过的第一境界"; "不忍登高临远, 望故乡渺邈, 归思难收"是宋代词人柳永的词句. 这些诗词都有一点相同之处, 就是记录了"登高望远"的感受.

下面我们对"登高望远"作一个因果分析, 即为什么登高可以望远? 再作一个定量分析, 即所登的高度与所望远的距离有什么定量的关系?

如图 2.15 所示, 圆 O 代表地球截面, 地面上有一高楼 AB, 人站在楼顶 B 向远处望. 设地球半径为 r, 楼高为 h, 由于地球是球形的, 所以人在 B 点看到的最远处为 C 点, BC 为圆 O 的切线, BC 垂直于 OC. 因为楼高 h 是有限的(相比地球的半径 6400 千米微乎其微), 因此角 2α 很小的, 趋近于零. 所以弧长

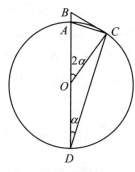

图 2.15

$\overset{\frown}{AC}$ 与弦长 $\overline{AC}$ 可认为相等,设其值为 x. 设 $\angle BDC$ 为 α,则 $\angle BOC$ 为 2α,$\cos 2\alpha = \dfrac{CO}{BO} = \dfrac{r}{r+h}$.

楼越高,则 h 越大,$\cos 2\alpha$ 越小,角 2α 越大. 角 2α 越大,弧长 x 越大,即望得越远,这就完成了对"登高望远"的因果分析.

在 $\triangle BOC$ 中,有

$$\cos 2\alpha = \frac{r}{r+h}$$

在 $\triangle DCA$ 中,有

$$\sin\alpha = \frac{x}{2r}$$

由三角公式 $\cos 2\alpha = 1 - 2\sin^2\alpha$,得

$$\frac{r}{r+h} = 1 - 2\left(\frac{x}{2r}\right)^2$$

即

$$x = \sqrt{\frac{2hr^2}{r+h}}$$

考虑到 $h \ll r$,则有

$$x = \sqrt{2hr}$$

这个公式就是楼高 h 与远望距离 x 的定量关系式. 设地球半径为 6400 千米,带入关系式可得:若楼高为 10 米,则可远望 11 千米;若楼高为 100 米,则可远望 36 千米;若楼高为 500 米,则可远望 80 千米……至此,完成了对"登高望远"的定量分析.

2.4 比较分析

所谓比较分析,就是确定研究对象之间的差异性和同一性的思维方法. 这里所说的"差异性"和"同一性"不是指表面现象,而是指

本质上的"差异性"和"同一性". 著名哲学家黑格尔(G. W. F. Hegel)说过:"假如一个人能见出当下显而易见之异,譬如说,能区别一支铅笔和一只骆驼,则我们不会说这个人有什么了不起的聪明. 同样另一方面,一个人能比较两个近似的东西,如橡树与槐树,或寺院与教堂,而知其相似,我们也不能说他有很强的比较能力. 我们所要求的是要能看出异中之同、或同中之异."物理学研究中的比较分析,就是要在表面差异极大的物理现象中看出它们本质上的共同点;在表面极为相似的物理现象间看出它们本质上的差异点.

运用比较分析,可以对事物进行定性鉴别和定量分析. 例如通过光谱的比较分析,可以测定物质的化学成分和含量. 1859年,基尔霍夫(G. R. Kirchhoff)首先用这个方法,确认出太阳上含有地球上常见的化学元素.

运用比较分析,还可揭示出不易直接观察到的运动和变化. 例如,恒星在短时间内的运动是不易直接观察到的,因此,长期以来被人们误认为是永恒不动的星体. 但是,1718年,哈雷将他在圣赫勒纳岛所作的观测,同一千多年前古希腊天文学家喜帕恰斯(Hipparchus)与托勒密(C. Ptolemy)所作的观测相比较,看到了四个恒星(毕宿五、天狼、大角、参宿四)的位置有明显差异,因而发现了恒星的自行. 又如,人们根据海王星轨道的摄动现象,由万有引力推出海王星以外还可能存在一颗行星. 但经过几十年的观察,这颗行星一直没有找到. 直到1930年3月13日,才由美国天文学家汤波(C. W. Tombaugh)运用比较分析法发现. 汤波首先对天空中可能发现行星的区域进行了缜密的搜索,拍下照片. 然后,将相隔几天所拍的两张星空照片进行详细比较,结果发现照片上某一个光点的位置有了明显的改变,因而确定了这个光点就是所要找的那颗行星——冥王星.

下面,我们再举两个物理学史中的实例,看一看比较分析的作用.

雷电与摩擦

自古以来,人们对雷电就存在一种恐惧心理.在古希腊的神话中,雷电是宙斯的武器,他手握一把钢叉,扔向人间就是雷电.经院哲学家引证《圣经》,说闪电是"地狱之火",《神学大全》中说:"妖魔鬼怪能呼风唤雨,制造电火,掀起风暴,这是不容置疑的信仰."更多的人认为雷电是上帝的怒火.

雷电的本质究竟是什么?它与地面上人们常见的摩擦生电现象有何异同?美国的富兰克林(B. Franklin)决心弄清这个问题.

有一天,富兰克林为了加大莱顿瓶①的电容量,把几只莱顿瓶连接起来做实验.当实验正在进行时,他的夫人丽达前来观看,一不小心碰到了莱顿瓶,突然闪起一团电火,随着一声巨响,丽达被击倒在地,不省人事,经抢救才脱险.这件事给富兰克林留下了极深的印象——这团电火和这声巨响多么像暴风雨中的电光闪闪、雨声隆隆啊!

他把天上的雷电和地上的电火作了比较:两者都能发光、发声,颜色相同、气味相同,传播速度都极快,都能被金属传导,使物体燃烧,都能熔化金属、伤害生物……难道它们本质上是一回事?要解决这个问题,他认为还需要将天上的雷电搜集起来做实验,才可决断.

1752年7月,在一个雷电交加、大雨倾盆的日子里,富兰克林父子在费城做了著名的"费城实验".他们用绸子做了一个大风筝,风筝顶上安装了一根尖细的铁丝,并用麻绳连接铁丝,麻绳的另一端拴了一个铜钥匙,钥匙塞在莱顿瓶中间.

他和儿子将风筝放上了天空,这时,一阵雷电打下来,富兰克林顿时感到一阵电麻,于是他赶紧用丝绸手帕把手里的麻绳包起来,继

---

① 莱顿瓶——一种储电的容器.

2 几种基本的分析方法

续捕捉"天电",当他用另一只手去靠近在麻绳上的铜钥匙时,蓝白色的火花向他的手袭来,这时麻绳上松散的毛头根根竖立起来,"天电"终于捕捉下来了!

富兰克林用这种方法使莱顿瓶充电,发现这种电与在地面上用摩擦起电的方法使莱顿瓶充的电具有完全相同的性质——可以点燃酒精灯,可以做其他各种实验. 于是,"天电"和"地电"完全统一起来了!

富兰克林的实验具有很大的危险性,实验成功和实验者安然无恙完全是一种侥幸. 当富兰克林的实验传到俄国后,俄国科学院院士利赫曼教授和他的学生罗蒙诺索夫也研究了这个问题,他们对雷电现象作了大量的研究. 他们设计了一个"检雷器"——在房顶上竖起一根约二米长的铁棍,用以测定云中有无雷电. 1753 年夏,利赫曼在实验室做实验时,看到雷雨欲来,便匆匆回家——想观察"检雷器"有什么变化. 当他走近金属棒时,一个拳头大的淡蓝色的火花击中了他的前额. 随着一声巨响,他倒下了——利赫曼为了人类的科学事业献出了自己宝贵的生命.

利赫曼教授牺牲的噩耗传来,富兰克林才认识到他的风筝实验真是一次冒险的行动. 于是他决心研制避雷针,来防止雷电对人的伤害. 起初,教会视避雷针为异端,但这件新事物逐渐被人们所认识. 一百年后,费城要建一座新教堂,教会派人去请教发明家爱迪生(T. A. Edison),爱迪生风趣地回答:"当然要装,因为老天爷也有疏忽大意的时候!"于是,避雷针高高地挺立在教堂屋顶上,这正是科学战胜迷信的象征!

五种电

富兰克林的费城风筝实验证明了雷电与摩擦电完全相同. 至 1833 年,科学家们已发现五种电:摩擦电(普通电)、化学电(伏打电)、温差电(热电)、电磁感应电(磁电)、生物电(动物电).这些电是否具有相同的本质呢?法拉第通过一系列实验,将它们作了分析比较.

法拉第的实验分两步进行:① 做静电实验.证明各种不同来源的电,都具有静电吸引或静电排斥作用;② 做电流实验.证明这些电形成的电流均能产生以下五种效应:Ⅰ.生理效应;Ⅱ.磁效应;Ⅲ.热效应;Ⅳ.化学效应;Ⅴ.火花效应.

他逐一比较了各种电产生的五种效应:

Ⅰ.生理效应

五种电都可产生生理效应,特别是生物电.早在公元前341年,亚里士多德(Aristotle)就观察到电鲟在捕食其他水生动物时,需要放电,使捕捉对象麻醉,然后捕而食之.

Ⅱ.磁效应

五种电均可产生.不过动物电的磁效应较弱,难以观察到.

Ⅲ.热效应

化学电、摩擦电、电磁感应电通过导体时都会产生热量.

Ⅳ.化学分解效应

除温差电以外,其余四种均可产生.

Ⅴ.火花效应

化学电、摩擦电、电磁感应电均可产生电火花.但温差电的形成需闭合电路,无法产生电火花.电鲟之类在水中放电,也无法产生电火花.

法拉第总结了比较分析的结果.他认为化学电、摩擦电、电磁感应电的五种效应都有,而动物电只能显示三种,温差电只能显示两种.后两种电有别于前面三种,不是本质的区别,而是这些效应很微弱而不易观察到.

法拉第的结论是——这五种电都具有相同的本质.法拉第一生坚信物理力的统一性,电的统一性正是在这个坚定的信念下取得的.

2.5 元过程分析

在物理学研究中,有一种特有的分析方法——元过程分析法,也叫做"微元法". 它是把研究对象分割为无限多个无限小的部分,或把物理过程分解成为无限多个无限小的部分,抽取其中一部分加以研究的方法.

例如,在流体力学中,从流体内部抽出一个非常小的体积元;从有一定质量分布的刚体内部抽出一个非常小的质量元进行研究,通过分析这些小单元的局部运动中各物理量之间的关系和变化规律,建立描述整个物理过程的运动方程. 有了这个方程,我们不仅可以求出物理过程在某一特定条件下的瞬时状态,而且可以把握整个物理过程的运动变化趋势和特点.

下面介绍两个元过程分析法的实例.

推导伯努利方程

如图 2.16 所示,我们研究管道中一段流体的运动.

设某一时间,这段流体在 a_1a_2 位置,经过无限短时间 Δt(时间元)以后,达到 b_1b_2 位置. 设 p_1、S_1、v_1 和 p_2、S_2、v_2 分别表示在 a_1b_1 和 a_2b_2 处流体的压强、流管的横截面积和流速. 则在 Δt 时间内,a_1b_1 处后面的流体对该段流体做了正功

$$W_1 = p_1 S_1 v_1 \Delta t$$

a_2b_2 处前面的流体对该段流体做了负功

$$W_2 = -p_2 S_2 v_2 \Delta t$$

两者的代数和(总功)为

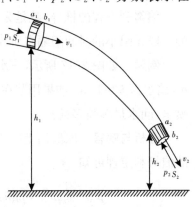

图 2.16

$$W = W_1 + W_2$$
$$= (p_1 S_1 v_1 - p_2 S_2 v_2)\Delta t$$

考虑流体的不可压缩性，有

$$S_1 v_1 \Delta t = S_2 v_2 \Delta t = \Delta V$$

故总功为

$$W = (p_1 - p_2)\Delta V$$

根据功能原理，外力对流体做的功（不含重力做功）应等于该段流体的机械能的增量，即

$$W = \Delta E$$

$$(p_1 - p_2)\Delta V = \left(\frac{1}{2}mv_2^2 + mgh_2\right) - \left(\frac{1}{2}mv_1^2 + mgh_1\right)$$

$$= \rho \Delta V\left[\left(\frac{1}{2}v_2^2 + gh_2\right) - \left(\frac{1}{2}v_1^2 + gh_1\right)\right]$$

整理后得

$$p_1 + \frac{1}{2}\rho v_1^2 + \rho g h_1 = p_2 + \frac{1}{2}\rho v_2^2 + \rho g h_2$$

这个方程表明在流体管道中任一位置，流体的压强、每单位体积的动能、势能总和是一常数，称为伯努利方程.

伯努利方程的推导，就是采用了微元分析法——取运动过程中的一段无限小的时间间隔来研究的.

例题 如图 2.17 所示，一水塔的蓄水箱离地面的高度 $H_0 = 20$ m，储水深 $h = 1$ m. 如果用装在高 $H_1 = 5$ m 处的水龙头向水平方向喷水，问水最多喷多远？

分析与解答 取液面上一点 A，在喷口取一点 B. 由流体力学的伯努利定理可知

$$p_A + \frac{1}{2}\rho v_A^2 + \rho g h_A = p_B + \frac{1}{2}\rho v_B^2 + \rho g h_B$$

v_A 可视为 0，$p_A = p_B = $ 大气压 p_0，$h_A = h + H_0$，$h_B = H_1$，所以

$$v_B = \sqrt{2g(h_A - h_B)}$$
$$= \sqrt{2g(h + H_0 - H_1)}$$

由平抛运动规律,水从 B 处水平射出,其射程为

$$x = v_B t = v_B \cdot \sqrt{2H_1/g}$$
$$= 2\sqrt{H_1(h + H_0 - H_1)}$$
$$= 2\sqrt{5 \times (1 + 20 - 5)} \text{ m}$$
$$= 17.9 \text{ m}$$

这个射程就是最远射程,因为随着管液面下降,v_B 要减小,x 也相应减小.

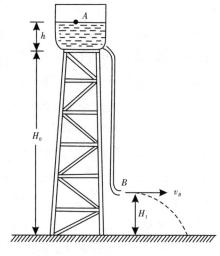

图 2.17

伯努利方程的一个重要应用就是飞机升力的获得. 图 2.18 表示飞机机翼周围空气流线的分布,机翼截面形状上下不对称,上方流线密,流速大;下方流线稀,流速小. 由伯努利方程知,机翼上方流体压强小,下方流体压强大,这样就产生了作用于机翼的向上的升力. 图 2.19 为我国先进的歼 10 战机.

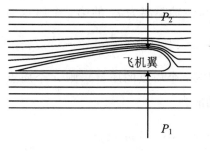

图 2.18

图 2.19

刚体力学中的应用

中学物理中力学的研究对象主要是质点,刚体接触得很少. 实

际上刚体也是力学中一种重要的理想化模型. 在研究刚体的运动规律时,往往要用到微元分析法——把刚体分成无限多个无限小的部分,每个细微的部分可视为一个质点(质量元),那么,刚体就可以看作是一个质点组,这个质点组的特征是:构成质点组的任何两个质点的距离在运动中恒定不变. 刚体是一个整体,其中每一个质点就是整体的一部分. 因此,刚体与组成刚体的各质点间的关系就是整体与局部的关系. 当我们把刚体分解为许多质点,抽取其中一个质点加以研究就是一种分析的方法(微元法),而把各个质点统一加以考察(即把刚体作为一个整体去考察)则是综合的方法. 因此,对刚体的研究,从思维方法的角度看,是分析与综合的辩证统一.

下面考察一下刚体绕定轴转动时的能量问题.

当门、窗、飞轮等物体转动时,这些物体中某一直线上的点保持不动,我们就把这一直线称为转轴. 转动物体中其他的点都以该点到转轴的垂足为圆心,在垂直于转轴的平面内做大小不同的圆运动. 这种运动称为刚体绕定轴的转动. 在转动时,刚体上各质点的角速度相等.

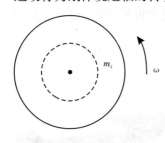

图 2.20

如图 2.20 所示,设圆盘绕定轴转动,转动的角速度为 ω. 设圆盘由 n 个质点组成,与转轴距离为 r_i 的第 i 个质点的速率为 ωr_i,其动能为 $\frac{1}{2}m_i v_i^2 = \frac{1}{2}m_i r_i^2 \omega^2$ (m_i 是第 i 个质点的质量),则 n 个质点的总动能为

$$\frac{1}{2}m_1 r_1^2 \omega^2 + \frac{1}{2}m_2 r_2^2 \omega^2 + \cdots + \frac{1}{2}m_n r_n^2 \omega^2$$
$$= \frac{1}{2}(m_1 r_1^2 + m_2 r_2^2 + \cdots + m_n r_n^2)\omega^2$$
$$= \frac{1}{2}I\omega^2$$

其中 I 称为刚体绕定轴的转动惯量,它定义为

$$I = m_1 r_1^2 + m_2 r_2^2 + \cdots + m_n r_n^2$$
$$= \sum_{i=1}^{n} m_i r_i^2$$

它表明,将刚体分为若干质点,各质点的质量分别乘以它们到转轴的距离的平方,其总和称为刚体对该轴的转动惯量.

对不同形状的刚体,绕定轴转动的转动惯量是不同的. 例如,质量为 m、半径为 R 的匀质球,绕任一直径的转动惯量为 $\frac{2}{5}mR^2$;质量为 m、半径为 r 的匀质圆板,绕过中心、垂直于板面的轴的转动惯量为 $\frac{1}{2}mR^2$. 关于它们的推导,由于要用到微积分知识,这里就不再介绍了.

从思维方法的角度看,刚体绕定轴转动的动能公式 $E_K = \frac{1}{2}I\omega^2$ 是分析法(微元分析法)与综合法共同运用的结果.

例题 如图 2.21 所示,一球从 A 点沿光滑的弧形槽由静止滑下,至 B 点后水平飞出,落在 C 点. 已知 h_1、h_2,求平抛的水平射程.

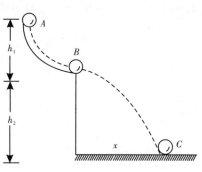

图 2.21

分析与解答 这个问题看似很简单. 小球在 B 点飞出的水平速度可由机械能守恒定律求得

$$mgh_1 = \frac{1}{2}mv_B^2, \quad v_B = \sqrt{2gh_1}$$

设平抛运动时间为 t,则

$$h_2 = \frac{1}{2}gt^2, \quad t = \sqrt{2h_2/g}$$

所以,小球平抛的水平射程为

$$x = v_B t = \sqrt{2gh_1} \cdot \sqrt{2h_2/g} = 2\sqrt{h_1 h_2}$$

但是,如果做一做实验,你将会大吃一惊——实际的水平射程远小于 $2\sqrt{h_1 h_2}$!

这是什么原因呢?空气阻力固然是一个原因,但主要是因为小球不可能真正沿圆弧槽"滑"下来,由于不可避免的摩擦作用,小球会滚起来,因而小球的能量除了质心平动的动能外,还有转动的动能.

小球从 $A \to B$,能量守恒的表达式不能用 $mgh = \dfrac{1}{2}mv^2$,假若小球沿圆弧槽发生"纯滚动"(即不"打滑"),则能量守恒可表示为

$$mgh = \frac{1}{2}mv^2 + \frac{1}{2}I\omega^2 \qquad (2.3)$$

式中 $\dfrac{1}{2}mv^2$ 表示小球质心平动的动能,$\dfrac{1}{2}I\omega^2$ 表示小球绕质心转动的动能. 因为是"纯滚动",所以质心的平动速度 v 和转动角速度 ω 有如下关系:$v = \omega R$. 式(2.3)可表达为

$$mgh = \frac{1}{2}mv^2 + \frac{1}{2}I\left(\frac{v}{R}\right)^2$$
$$= \frac{1}{2}mv^2 + \frac{1}{2} \cdot \frac{2}{5}mR^2\left(\frac{v}{R}\right)^2 \qquad (2.4)$$

解得

$$v = \sqrt{\frac{10}{7}gh} < \sqrt{2gh}$$

因此,必须注意,在中学物理的范畴内,我们只限于研究小球沿轨道的"滑动"问题(因为可运用质点模型),而不能研究小球的"滚动"问题(因为要运用刚体模型),小球滚动时,动能要加 $\left(\dfrac{1}{2}I\omega^2\right)$ 一项,这一点超出了中学范围.

3 物理学史上三次伟大的综合

分析与综合是人类认识事物的两种思维方式.人们对物理世界的认识,也是经历了以分析为主和以综合为主的两种过程.在物理学发展初期,人们对物理现象、规律的认识是零碎的、分散的、孤立的和局部的.随着认识水平的提高,人们找到了各种物理现象、物理规律之间的相互联系,逐步把物理学的研究推进到以系统、综合为主的阶段.在物理学发展史上,有三次伟大的综合:第一次是17世纪牛顿力学的建立;第二次、第三次都发生在19世纪,内容分别是能量守恒和转化定律的发现及麦克斯韦电磁理论的建立.通过这三次伟大的综合,宏伟的经典物理大厦才得以建立.下面,我们分别介绍物理学史上这三次伟大的综合.

3.1 牛顿提出力学三定律,发现万有引力定律——物理学史上第一次伟大的综合

16世纪与17世纪是科学史上一个英雄的时代,人们把这一阶段称为"科学革命".这一场革命,始于哥白尼,历经伽利略、开普勒直至牛顿才得以最终完成.牛顿综合了前辈科学家们在数学、力学、天文学方面所做的工作,完成了物理学史上第一次伟大的综合.

从哥白尼到开普勒

人们古时就非常注意观测天体的运动,并且一直存在两种根本对立的观点——"地心说"和"日心说". 以托勒密为代表的"地心说"符合人们的直观感觉,又符合宗教教义,因此延续了一千多年之久.

哥白尼进行了 40 多年的天文观测和研究,利用托勒密及其后人积累的大量天文资料,重新提出"日心说". 他为了验证地球运动的假定,在教堂的角楼上布置了一个十分简陋的天文台,用自制的天文仪器进行观测、分析和计算,三十年如一日. 他观测和计算的结果精度令人吃惊,他得出的恒星年是 365 天 6 小时 9 分 40 秒,比现代的精确值仅多 30 秒,误差百万分之一! 他得到的月球和地球的平均距离是地球半径的 60.30 倍,同现代值 60.27 相比,误差只有万分之五! 在当时简陋的条件下,得出这样精确的数据,是多么的不易啊! 他写出了划时代的巨著《天体运行论》,明确指出:地球不是宇宙中心,它也和其他行星一样,是一个一面自转,一面绕日公转的普通行星. 这个学说,正确地反映了天体的运动情况,是科学史上一项具有深远意义的革命. 恩格斯高度评价说:"他用这本书来向自然事物方面的教会权威挑战,从此自然科学便开始从神学中解放出来……科学的发展便从此大踏步地前进."

但是,人类对真理的认识往往要经历许多曲折和磨难,哥白尼的"日心说"引起教会的恐慌. 在教会的干扰下,《天体运行论》不能出版,只能以手抄本的形式在友人中传阅. 当《天体运行论》的正式印刷本送到哥白尼手中时,他已经病危在床,奄奄一息了. 哥白尼仅仅用手抚摸了它一下,便与世长辞了.

伽利略也因为宣传"日心说"而受到宗教裁判所的囚禁.

3 物理学史上三次伟大的综合

丹麦的科学家第谷连续 20 年对天体进行观测,积累了丰富的资料,天文学家开普勒对第谷的天文资料进行分析、综合,提出了开普勒三定律,成为"天空立法者"(前已详述,不再重复).

开普勒弄清楚了行星的运动学之谜,但还未弄清行星是在什么力的作用下才这样运动的,也就是说,开普勒尚未弄清行星运动的动力学之谜. 诚然,开普勒也谈及过"力",但在他看来,这个力多少有点像灵魂或别的什么虚无缥缈的东西. 而且,按开普勒的猜想,力是与距离成反比的. 所以在力的问题上,开普勒一开始就走错了路.

不忘伽利略

伽利略生于意大利比萨,是实验物理学的创始人,他崇尚科学实验,强调推理不应建立在直觉的基础上,而应建立在实验的基础上. 他曾经耻笑那些不肯做实验的人:"为了获得自然力的知识,不去研究船或弩弓或大炮,而钻进他们的书斋中去翻翻目录、查查索引,看看亚里士多德对这些问题有没有说过什么,并且,在明白了他的原话的真实意义后,就认为此外再没有什么知识可追求的了."

伽利略确定了科学的自由落体规律、惯性定律与相对性原理. 他指出了力是产生加速度的原因而不是运动的原因,为动力学奠定了基础. 他还用望远镜观察天体,发现了月球也和地球一样充满了凹坑和突丘,发现了木星的四颗卫星,观察到了太阳的黑子.

1632 年 3 月,伽利略出版了《关于托勒密和哥白尼两大世界体系的对话》,这部著作引起了教会的震惊. 1632 年 8 月教会把此著作列为禁书,并向伽利略发出警告. 1633 年,伽利略受到教会长时间的审讯和残酷折磨.

伽利略对科学事业作出了巨大的贡献,为牛顿力学奠定了基础. "只要木星的光芒在天空中闪耀,地球上的人就永远不会忘记伽利略."(伽利略过去的朋友,后来的教皇乌尔班八世语).

1642年,伽利略逝世,牛顿在英国一个小乡村中诞生. 一颗科学巨星陨落了,又诞生了一颗更加璀璨夺目的科学巨星!

幸运的牛顿

继开普勒之后,关于行星的动力学问题,引起了许多科学家的关注. 第一个提出力与距离平方成反比关系的是布里何德(I. Bulliadus),他在批评开普勒"一次方反比"中提出了太阳对行星的引力与距离的二次方成反比. 但他错误地把开普勒的主要论点也抛弃了.

1673年,荷兰的惠更斯(C. Huygens)在研究摆的过程中,提出向心加速度公式 $a = v^2/R$. 若将这个公式与开普勒第三定律相结合,便可导出向心力同距离平方成反比的结论. 但他没有迈出这一步,因为在他看来向心力和引力是两种完全不同的力.

最接近万有引力理论的要算与牛顿同一时代的科学家罗伯特·胡克(R. Hooke),他认为物体的重力就是地球对物体的引力,而且明确地提出了引力同距离平方成反比的思想. 但他没有牛顿那样的数学才能,因此,没能明确提出万有引力公式.

前辈科学家们已做了大量的准备工作,最后完成伟大综合的任务历史性地落到了牛顿的肩上!

传说1665年或1666年夏天,牛顿坐在苹果树下,像往常一样陷入沉思. 这时,一只熟透的苹果从树上落下,引起了牛顿的注意——树上的苹果可以落地,如果苹果树长到有月亮那么高,熟透的苹果是否会落地呢? 答案当然是肯定的. 可是,月亮为什么不像苹果那样落地呢? 牛顿的思绪从地下延伸到天上,这是他思想上的一次伟大跃进——他在试图追寻一种对"天上"和"地下"都适用的自然规律.

牛顿曾经做过一次思想实验:设想在很高的山上有一门大炮,炮弹水平发射. 炮弹本应沿直线运动,但由于重力的作用,炮弹将沿抛物线落地. 如果增加炮弹的发射速度,炮弹将落得更远. 炮弹的速度再增大,就可能绕地球运动而不落下来——这和月球绕地球的运动是多么相似啊!

为了证实上述设想,1665至1666年,牛顿作了一次著名的"月—地检验"——这是一次关于万有引力定律的简化了的估算. 牛顿综合了伽利略、布里阿德、开普勒、惠更斯和胡克的研究成果,他以伽利略的平抛运动分析为基础,又引用了布里阿德的平方反比律,并利用了惠更斯关于向心加速度的研究,对"苹果—月球"问题进行了一次定量分析. 他估计,苹果到地心的距离约是月球到地心距离的六十分之一,根据平方反比律,月球受引力而产生的向心加速度大约应是苹果所受引力而产生的重力加速度的$(1/60)^2$. 由月球的运行轨道半径和周期可计算出月球的运行速度,由速度和月—地距离可计算出月球的向心加速度. 把这个加速度和地面上苹果的重力加速度相比,如果前者果然是后者的$(1/60)^2$倍,则推论成立. 这就是牛顿当时的推理线索. 其结果,据牛顿自己说,是"差不多密合".

当然,不少科学史学家认为,牛顿当时因为地球半径测得不准,以至误差太大;再加上牛顿把地球质量认为集中在球心上,这一点尚未得到证明,因此,牛顿并未立即发表他的研究成果.

此后,牛顿进一步研究了万有引力问题,并且在数学上创立了微积分,证明了质量为 m 的均匀球的引力作用的确可视为集中在球心,这说明牛顿当初的假定是正确的.

1687年,牛顿出版了名著《自然哲学的数学原理》,公布了他在力学领域内的全部成果,其中,包括著名的运动三定律和万有引力定律.

在此书中,牛顿叙述了著名的"月—地"检验,对平方反比的正确性提供了一个有力的证明. 牛顿把在月球方面得出的结论推广到行星的运动上去,并进一步得出"所有的物体之间都存在万有引力"的结论. 这个引力同相互吸引的物体的质量成正比,与它们之间的距离平方成反比.他根据这个理论,把天体的运动和地面物体的运动纳入了一个统一的力学理论之中.

后来,牛顿的万有引力定律经历了关于地球形状的测定、哈雷彗星回归、海王星发现等实践的检验,被证明是科学的真理,获得了科学界广泛的承认.

就这样,牛顿概括了他的前人(伽利略、开普勒、笛卡儿、惠更斯、胡克等)的成果,站在巨人的肩上,首次创立了一个地面力学和天体力学统一的严密体系,成为整个经典力学的基础,实现了物理学史上第一次伟大的综合!

从科学方法论的角度看,哥白尼提供了考虑问题的一种规范,第谷提供了实测数据,开普勒提供了经验公式,伽利略和惠更斯则提供了概念和方法.而牛顿则使之融会贯通,形成一个完整的、统一的大体系.

"牛顿是多么幸运啊,宇宙体系毕竟只能被发现一次."(拉普拉斯语)

今天,当我们通过电视屏幕观看火箭发射的时候,看见宇航员阿姆斯特朗的大脚第一次小心翼翼地踏上神秘的月球表面时.看到我国女宇航员王亚平在宇宙飞船中所做的各种失重条件下的精彩物理实验,并就其物理原理娓娓道来时……我们的心情是何等激动啊!我们不应忘记,人类在力学领域取得如此巨大的成就,很大程度上要归功于牛顿的工作,要归功于牛顿在三百多年前完成的物理学史上的第一次伟大综合!

历史的长河奔腾向前,人类进入了 19 世纪.这一时期的科学研究从分门别类的研究转入以系统、综合为主的研究,把研究事物的演变、进化、相互联系、相互转化作为科研的主攻方向.

在 18 世纪,人们对物理现象的研究是孤立和分散的,人们看到的是一幅幅零碎的、不统一的物理图景. 19 世纪物理学的发展,使这样的不统一的、多元的物理图景逐渐趋于统一. 在 19 世纪,物理学家们完成了两次伟大的综合:一次是发现了能量守恒和转化定律,揭示了力、热、电、磁、光和化学等自然现象之间的统一性;另一次是麦克斯韦电磁理论的建立,把电磁现象和光现象统一起来. 这两次伟大的综合,使人们看到了一幅以系统的形式描绘出的物理世界的清晰图画.

能量守恒和转化定律的发现——物理学史上第二次伟大的综合

在 19 世纪 40 年代以后,短短十几年左右(特别是 1842 年前后),至少在四个国家,由六七种不同职业的十几个科学家,从不同侧面独立地发现了能的转化和守恒定律. 这不能不说是科学史上的一次伟大的奇迹,恩格斯把这个定律称为"伟大的运动的基本规律".

伦福德、戴维、卡诺的研究

热的本质是什么?自古以来就有不同的看法. 18 世纪,"热质说"占了上风,人们认为热是一种特殊的物质,拉瓦锡(A. L. Lavoisier)甚至把"热质"列入化学元素表中.

"热质说"是摆在从机械运动到热运动道路上的一个障碍,这个障碍不扫除,人们就不可能认识到各种运动形式之间的转化.

物理学家伦福德(C. Rumford)研究了这个问题. 1798 年,他在德国慕尼黑兵工厂负责制造大炮的工作. 他发现用钻头钻炮筒时,炮筒的温度很高,这使他非常惊讶. 他想通过实验来弄清热的来源问题.

他用一个钻头钻一个炮筒,半小时转了 960 圈,炮筒的温度就由 60°F 升高到 130°F,所产生的热量是否来自于空气? 他用活塞把钻头同周围的空气隔离开来,结果所生的热并未减少. 他又想,活塞是

同空气直接接触的,那么和活塞直接接触的这部分空气对热的产生是否起作用呢?于是,他又把钻头、活塞和炮筒都放在一个密封的箱子里,箱内还盛满了水.钻头钻了两个半小时,箱内的水沸腾了——多么奇怪啊!不用烧火水就会沸腾,他感到十分兴奋.他想到这热不是从周围空气中来,也不可能来自水(因为这里的水是吸热的),也不可能是比热容的减小或化学变化造成的,因为在这种情况下,比热容和化学性质均未变.结论只有一个——热从摩擦中产生.他特别注意到热可以持续不断地产生.他认为能够无限产生的绝不可能是物质,而只能是一种运动.于是,他坚信热是一种运动而不是物质.

1804年,他说:"我相信,我将活足够长的时间,直到高兴地看到热素跟燃素一起埋葬在同一坟墓之中."

1799年,英国的戴维(H. Davy)在真空中使两块冰摩擦,并使周围的温度比冰还低.冰在摩擦后就融化了.戴维指出热不可能从周围空气中来(因为周围的温度比冰还要低),也不可能来自潜热,因为冰融化时要吸收潜热而不是放出潜热.所以他得出和伦福德一样的结论:热质不存在,热现象的根本原因是运动.

自蒸汽机发明后,提高热机的效率就成了人们所关心的问题.卡诺(S. Carnot)研究了热机的效率问题,这就涉及热能和机械能的相互转化.他得出了热功当量为3.627焦耳/卡,可以说,卡诺是能量转化和守恒定律的第一个发现者.

伦福德、戴维、卡诺的研究都涉及了机械能和热能的转化问题.

> **迈尔的工作**

最早公布能量转化和守恒定律的是德国的青年医生迈尔(R. Mayer).

1840年,迈尔在去爪哇的海船上发现一个奇怪的现象——船进入热带以后,病人的静脉中的血液要比在欧洲看到的红一些.他认为呼吸是缓慢的氧化,而食物的氧化供应人体的热量.在热带,人们消耗的热量相对少一些,因此,参与食物氧化的氧也少一些,但进入人肌体的氧一样多,因此,有较多的剩余氧留在静脉中,使之更红一些.这使他认识到食物所含的化学能可以转化为热能.又有海员告诉他:暴风雨时海水的温度较高.他分析后认为:暴风雨的动能转化为海水的机械能,再转化为海水的热能.

迈尔还把能量守恒和转化原理推广到生物肌体中.他认为,生物肌体内发生着化学能转化为其他能的复杂过程.他并且指出,地球上各种能都来自太阳.如植物把太阳的光和热转化为化学能,动物通过消化食物又把这种化学能转化为体热和肌肉运动的机械能.

1842年,他发表了论文《论无机界的力》,提出"无不生有,有不变无","力是不能破坏,但能转化的客体."[①]这篇文章表达了能量转化和守恒的思想.所以恩格斯称1842年为划时代的一年.

焦耳奠定了基础

用精确的实验验证能量转化和守恒定律的,历史上公认是英国物理学家焦耳(J. P. Joule).

焦耳年轻的时候试图发明永动机,但屡遭失败,他从中领悟出"不要永动机,要科学"的道理.

焦耳研究了电机和电路中的放热现象,他对电流的热效应进行了定量的研究.1840年发表的《论伏打电所产生的焦耳热》的论文中,他提出了"在一定的时间内伏打电流通过金属导体产生的热和电流强度的平方与导体电阻的乘积成正比"的结论,这就是著名的焦耳定律.

焦耳花了大量精力"探求热和失去或得到的机械功之间是否有

---

① 这里所说的"力",在当时就是指能量.

一个恒定的比值"(即热功当量问题).这项工作从19世纪40年代一直持续到70年代.三十多个春秋过去了,焦耳做了400多次实验,以精确的数据为能量守恒定律提供了无可置疑的实验证明.他测出热功当量的值为4.157 J/Cal,很接近于现代值4.1870 J/Cal.焦耳根据实验,用通俗的比喻来加以说明:"假如你幸运地居住在风景如画的威尔士或苏格兰,你可以测量一下瀑布顶部和底部的温度,来证实我的实验.如果我的观点是正确的,那么,817英尺的落差,会产生使水升高1度(华氏温度)所需的热量,尼加拉河水降落160英尺时,温度会升高1/5度左右."

赫姆霍兹的论述

德国的生理学家和物理学家赫姆霍兹(H. Helmholtz)从生理现象入手展开了对能量守恒和转化定律的探索.他反对生物学中的"活力论",认为这个学说"对每一个生物体都赋予了永动机的性质".他认为永动机是不可能的.1847年,他发表了《论力的守恒》一书,这是对能量守恒和转化定律的最严谨、最全面、影响最大的一部著作.他第一次把能量守恒和转化定律引入力学系统,分析了机械能——动能、势能的守恒和转化,推出了公式 $mgh = \frac{1}{2}mv^2$.

他具体地研究了能量守恒和转化定律在各种物理、化学过程中的应用,并研究了化学反应中热的产生,分析了电磁现象,还讨论了把能量守恒定律运用到生物肌体中去的可能性.他证明了能量守恒和转化定律"与自然科学的任何一个已知现象都不矛盾".他确信,不久的将来,这个定律将会完全得到证实.

实际上,除上述几位科学家外,从19世纪30年代到50年代,许多科学家都以不同形式、彼此独立地提出了能量守恒和转化的思想,这生动地说明了科学的发展与社会生产的发展之间的辩证关系.

1853年,汤姆生重新恢复了"能量"的概念,力学教授兰金(W.

J. Rankine)首先把"力的守恒原理"改称为"能量守恒原理",大约到了 1860 年,这个原理普遍得到承认,很快成为物理学和全部自然科学的重要基石. 1855 年恩格斯首先指出了只从量上强调能量"守恒"的不完善性. 他把这个原理改述为"能量守恒和转化定律",准确而深刻地反映了这一定律的本质内容.

能量守恒和转化定律的发现,使人们认识到力、热、光、电、磁和化学、生物等自然现象的统一性. 这个定律的发现完成了物理学史上第二次伟大的综合.

3.3 麦克斯韦电磁场理论的建立——物理学史上第三次伟大的综合

关于电现象和磁现象的研究,早期是彼此互相隔绝的. 1820 丹麦物理学家奥斯特(H. C. Oersted)发现通电导线对磁针的作用,开始揭示了电与磁的联系,法拉第高度评价了奥斯特的发现,认为"它猛然打开了一个科学领域的大门,那里过去是一片漆黑,如今充满了光明". 以后,安培又发现了通电导线间相吸及相斥的规律. 1831 年,19 世纪电磁学领域内最伟大的实验物理学家法拉第发现了电磁感应现象,并第一次提出了非常深刻的场和力线思想,至此,电和磁已被紧密联系起来了. 然而,由于法拉第的数学能力不够,因此只能用直观的形式表达自己的思想,不能把自己的研究成果概括成为精确的定量的理论. 完成电与磁二者的最终综合,是在英国诞生的另一位伟大的物理学家——麦克斯韦(J. C. Maxwell)完成的.

麦克斯韦 1854 年从剑桥大学毕业,他决定把数学和物理的结合当做自己的主攻方向. 1855 年,他阅读了法拉第的巨著《电学实验研究》,并深深地被法拉第那大胆而新颖的见解所吸引. 这是多么生动、多么形象的画面——力线,闪耀着法拉第智慧之光的力线布满整

个宇宙空间,形成一种场,力就是通过场来传递的.

长期统治物理学的力的超距概念相对于"场"来说显得黯然失色!

然而,由于法拉第缺乏数学知识,厚厚的几卷《电学实验研究》竟连一个数学公式也没有!正因为这样,许多物理学家常以轻蔑的眼光看待法拉第的观点:这不过是一个订书匠和实验室看门人凭浅陋的幻想生造出来的粗糙的力线和力管.

麦克斯韦决心用自己的数学天赋精确地表达法拉第的光辉思想.

1855年,麦克斯韦发表了关于电磁学研究的第一篇论文《论法拉第的力线》.法拉第本人对麦克斯韦说:"你的文章很出色,你是真正理解我理论的人.但你不应当只停留在用数学来解释我的观点,而应该突破它!"

麦克斯韦深受鼓舞,他的决心更大了.

1862年,麦克斯韦提出了位移电流的概念.这是他对电磁学的又一重大贡献.他根据电磁现象的对称性,认为变化的电场也应在周围空间产生感应磁场.

1865年,麦克斯韦综合了库仑定律、安培力公式、电磁感应定律等经验公式,运用数学手段,得出了真空中的电磁场方程,提出了电磁场的理论.麦克斯韦还预言了电磁波,认为光也是一种电磁波.这样,麦克斯韦就把相互独立的电学、磁学、光学三者完美地统一起来了.从奥斯特提供实验线索到麦克斯韦完成统一的理论,其间的发展可用图3.1表示.

3 物理学史上三次伟大的综合

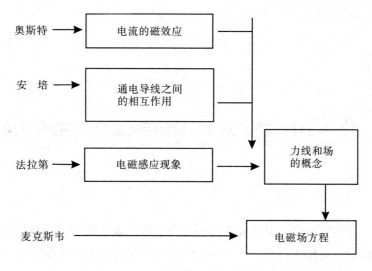

图 3.1

1873 年,麦克斯韦出版了集电磁理论之大成的经典著作《电磁学通论》. 1888 年,麦克斯韦关于电磁波的预言被赫兹证实. 经过几代人的努力,电磁场理论的宏伟大厦终于建立起来了,实现了物理学史上第三次伟大的综合!

4 分析与综合对学习和运用物理知识的指导作用

前面我们已介绍过分析与综合的思维方法在物理学发展历史中所起的重要作用,同样的,分析与综合在中学物理教学中也有极为重要的教学功能.

4.1 建立和辨析物理概念

分析的方法是从整体到部分的方法. 中学物理中的很多概念是借助于分析方法建立的.

瞬时速度和瞬时加速度

人们为了描述物体运动的快慢,引入了速度的概念. 起初,这个概念是比较粗略的——把物体通过的路程与所用时间之比称为速度(平均速度). 以后,人们为了精确地描述变速运动物体的运动快慢,就应用"元过程分析法"——把整个运动过程分解为无限多个无限小的"时间元",抽取一个时间元进行研究,把这段无限小时间内的位移与时间元的比值定义为该时刻的瞬时速度,即

$$v = \lim_{\Delta t \to 0} \frac{\Delta s}{\Delta t}$$

同样的,用类似的方法定义了瞬时加速度

4 分析与综合对学习和运用物理知识的指导作用

$$a = \lim_{\Delta t \to 0} \frac{\Delta v}{\Delta t}$$

下面,我们以匀速圆周运动中向心加速度公式的推导来说明这种分析方法的应用.

如图 4.1,设某质点做匀速圆周运动,为了求出质点在 A 点的向心加速度,我们设想质点在极短的时间 Δt 内,从 A 运动到 B. 速度从 v_A 变为 v_B(两者大小均为 v,但方向不相同),根据矢量三角形法则,我们可以求出 v_B 与 v_A 的矢量差 Δv(如图 4.1),由几何学中相似三角形对应边成比例的规律可知

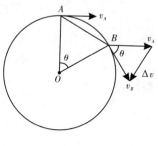

图 4.1

$$\frac{\Delta v}{v} = \frac{AB}{R}$$

两边同除以 Δt,并令 $\Delta t \to 0$,得

$$\lim_{\Delta t \to 0} \frac{\Delta v}{\Delta t} = \lim_{\Delta t \to 0} \frac{AB}{\Delta t} \cdot \frac{v}{R}$$

其中,$\lim_{\Delta t \to 0} \frac{\Delta v}{\Delta t}$ 就是质点在 A 处的向心加速度 a,$\lim_{\Delta t \to 0} \frac{AB}{\Delta t}$ 就是质点在 A 处的速度 v,所以

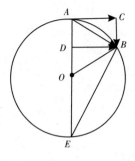

$$a = \frac{v^2}{R}$$

这样,我们就借助"元过程分析法"完成了向心加速度的推导.

我们还可以用另一种类似的分析方法来推导向心加速度公式. 如图 4.2,设质点在极短的时间内从 A 运动至 B,我们设想 $A \to B$ 的位移由两部分完成:$A \to C$ 是因为惯性而保持

图 4.2

速度 v 的分位移,$C\to B$ 是因为向心加速度引起的位移.

$$AC=vt,\quad BC=\frac{1}{2}at^2$$

在直角三角形 BDO 中

$$OB^2=BD^2+DO^2$$

即

$$R^2=(vt)^2+(R-at^2/2)^2$$

整理得

$$a=\frac{v^2}{R}+\frac{a^2t^2}{4R}$$

因为 t 为无穷小量,t^2 项可以略去,得

$$a=\frac{v^2}{R}$$

另外,运用图 4.2 的分析方法,我们还可推导出第一宇宙速度.

设人造卫星以极低的高度绕地球做匀速圆周运动,我们从人造卫星整个运动过程中抽取 1 s 进行研究. 1 s,相对于整个运动周期来说可以认为是极小量. 设 1 s 内卫星从 A 运动至 B,则

$$AC=vt=v$$

$$BC=\frac{1}{2}gt^2=5\text{ m}$$

由几何关系知

$$\frac{BC}{AC}=\frac{AB}{BE}\approx\frac{AC}{AE}=\frac{AC}{2R}$$

即

$$\frac{5}{v}=\frac{v}{2R}$$

得

$$v=\sqrt{2\times 5\cdot R}=\sqrt{2\times 5\times 6.4\times 10^6}\text{ m/s}=8000\text{ m/s}$$

4 分析与综合对学习和运用物理知识的指导作用

这就是第一宇宙速度.

交流电路中的相差

除速度、加速度概念外,电学中的一些概念也是用"元过程分析法"推出的.

对恒定电流而言,电流强度定义为 $I=Q/t$,即单位时间内流过导线某横截面的电量. 但对交变电流而言,电流强度随时间而变化,因此,某时刻的电流强度应定义为:在包括该时刻在内的无限小时间内流过的电量与时间之比,即

$$i=\lim_{\Delta t \to 0}\frac{\Delta Q}{\Delta t}$$

同样的,对不均匀变化的电流而言,某时刻自感电动势应定义为:自感系数乘以包括某时刻在内的无限短时间内电流的变化与该时间的比值,即

$$\varepsilon=-L\cdot\lim_{\Delta t \to 0}\frac{\Delta i}{\Delta t}$$

下面,我们用上述两个概念来讨论一下在纯电容电路和纯电感电路中,电压与电流的相位关系.

交流电通过纯电容电路时,因电量与电压成正比,$Q=cu$,所以 Q 的变化与 u 的变化同步,亦即 ΔQ 与 Δu 同步. 如图 4.3 所示,设

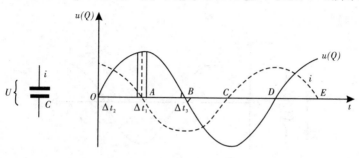

图 4.3

电压 u 按正弦规律变化. 因 $i = \lim\limits_{\Delta t \to 0} \dfrac{\Delta Q}{\Delta t}$,从几何意义上说,$\lim\limits_{\Delta t \to 0} \dfrac{\Delta Q}{\Delta t}$ 就是 $Q \sim t$ 曲线上该点的切线的斜率. 在时刻 A,电压 u 有极大值(即 Q 有极大值),但 $Q \sim t$ 曲线在该点的切线斜率为零,或者说在 A 附近取一段无限小时间间隔 Δt_1,$\Delta Q/\Delta t_1$(即 $\Delta u/\Delta t_1$)为零,所以该时刻电流为零.

在时刻 O,曲线在该点的切线斜率为正向最大值,所以该时刻电流为正向最大;

在时刻 B,曲线在该点的切线斜率为负向最大值,所以该时刻电流为负向最大.

这样,我们便可定性地画出电流与时间的变化图像(如图 4.3 中的虚线所示). 从图中可以看出,对纯电容电路,电流相位超前电压 $\pi/2$.

同样的,对纯电感电路,因 $u + \varepsilon = iR = 0$,所以 $u = -\varepsilon$,u 与 ε 反向,而

$$\varepsilon = -L \cdot \lim\limits_{\Delta t \to 0} \dfrac{\Delta i}{\Delta t}$$

则

$$u = L \cdot \lim\limits_{\Delta t \to 0} \dfrac{\Delta i}{\Delta t}$$

用类似的方法可以讨论出,在纯电感电路中,电压超前电流 $\pi/2$(如图 4.4).

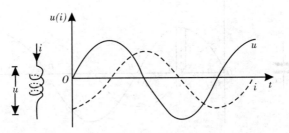

图 4.4

4 分析与综合对学习和运用物理知识的指导作用

辨析易混概念实例

不少学生感到困惑的是:物理概念记忆很容易,但使用时常易混淆.根据分析与综合的方法加以辨析,也许会有助于对概念的理解.

例题 1 如图 4.5 所示,绳系小球,球在竖直平面内做圆周运动,重力在球运动一周时做功是否为零(如图 4.5 甲)?

汽车在水平地面上绕圆形轨道运动一周,牵引力做功是否为零(如图 4.5 乙)?

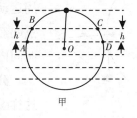
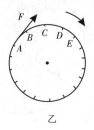

图 4.5

分析 不少同学容易得出结论:两种情况下做功均为零. 因为两种情况下总位移为零,而功定义为力与位移的乘积,即 $W=Fs$,因 $s=0$,所以 $W=0$.

这个结论正确吗?

下面,我们采用分析的方法进行讨论.

对情况甲,我们可以作出许多平行线,将整个位移分解为许多小部分. 对于任意两条平行线所割断的两段圆弧,例如图 4.5 甲中的 $\overset{\frown}{AB}$ 和 $\overset{\frown}{CD}$,分别研究重力做功的情况. 设两平行线间距为 h,在 $A\to B$ 阶段中,重力做负功,$W_1=-mgh$,在 $C\to D$ 阶段中,重力做正功,$W_2=mgh$,两次做功的代数和为零. 对于其余的任何小弧段,均可作类似的讨论. 所以,综合整个过程,我们可以得出结论:重力做功为零.

对于情况乙(如图 4.5 乙),我们把整个运动过程分解为很多小弧段,抽取一个小弧段加以研究(例如 $\overset{\frown}{AB}$). 因为牵引力与位移方向一致,所以此弧段中牵引力做正功,大小为 $F\cdot\Delta S$,对其余弧段均应得出相同结论. 因此,对整个运动综合考虑,牵引力应做正功. 若牵

引力大小恒定,则 $W = Fs = F \cdot 2\pi R$.

上述问题,不采用分析方法是难以弄清的.

例题 2 质量为 m 的质点以速率 v 沿半径为 R 的圆做匀速圆周运动. 如图 4.6 所示. 质点从 A 点起经 1/4 周期运动至 B,求这段时间内向心力的冲量.

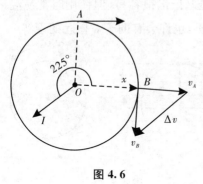

图 4.6

分析 甲同学对这个问题是这样分析的:向心力的大小 $F = mv^2/R$,力作用的时间为

$$t = \frac{T}{4} = \frac{2\pi R}{4v} = \frac{\pi R}{2v}$$

所以,向心力的冲量为

$$I_甲 = Ft = m\frac{v^2}{R} \cdot \frac{\pi R}{2v} = \frac{\pi}{2} \cdot mv = 1.57mv$$

乙同学有另一种解法:

根据动量定理,向心力的冲量等于质点动量的变化(见图 4.6):

$$I_乙 = \Delta mv = m\Delta v = \sqrt{2}\,mv = 1.41mv$$

显然,甲、乙两同学解出的结果不同. 谁是谁非呢?

乙的解法是正确的,甲的解法是错误的. 为什么甲的解法错? 让我们用分析的方法对这个问题讨论一下.

大家知道,在运用公式 $I = Ft$ 来计算力的冲量时,有一个重要的前提——力 F 必须为恒力. 在变力的情况下,不能直接用此式来计算力的冲量.

在这个问题中,从 A 到 B,向心力的大小虽然未变,但方向时刻在变,因此,向心力不是恒力,甲同学直接用公式 $I = Ft$ 来计算力的冲量显然是错的.

4 分析与综合对学习和运用物理知识的指导作用

为了理解这个问题,我们运用元过程分析法加以分析. 将质点从 A 至 B 的时间分割为 n 个相等的时间元 Δt(令 $n \to \infty$). 因为 Δt 如此之小,以至于可以认为在这个微小的时间间隔里力 F 恒定不变,因此可以用公式 $\Delta I = F \cdot \Delta t$ 来计算. 冲量的方向是和力的方向一致的. 作出这四分之一周期内各元冲量的

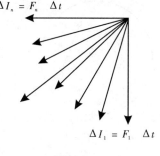

图 4.7

矢量图(见图 4.7),这些元冲量的 $\Delta I_1, \Delta I_2, \cdots, \Delta I_n$ 的矢量和等于总冲量 I. 从思维方法上看,求元冲量的矢量和就是一种综合.

写成数学表达式:

$$I = \Delta I_1 + \Delta I_2 + \cdots + \Delta I_n$$
$$= F_1 \cdot \Delta t + F_2 \cdot \Delta t + \cdots + F_n \cdot \Delta t$$
$$= (F_1 + F_2 + \cdots + F_n) \cdot \Delta t$$
$$= F_合 \cdot \Delta t = F_合 \cdot t/n$$

因为 $|F_合| < nF$(几个互成角度的矢量的合矢量的大小一定小于各矢量大小的算术和),所以 $|I| < Ft$(式中 F 代表向心力大小). 即总冲量小于 $F \cdot T/4$,这是符合计算结果的($1.41mv < 1.57mv$).

因此,该题的正确答案应该是:向心力的冲量为 $\sqrt{2}mv$,方向与 x 轴成 225°.

例题 3 在一个水平唱盘上放置一个橡皮塞,当水平唱盘匀速转动时,橡皮塞也随之做匀速圆周运动. 试分析橡皮塞做圆周运动的向心力的来源.

分析 不少同学知道,橡皮塞所受的静摩擦力提供向心力,但心中不免有些疑问:"为什么静摩擦力方向指向圆心? 从图 4.8 中看出,橡皮塞的运动方向(即速度方向)沿切线,摩擦力的方向应与运动趋势方向相反,即沿该切线的反方向(图 4.8 中 f' 的方向)才

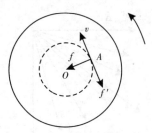

图 4.8

对呀!"

下面,我们用"元过程分析法"来研究这个问题.

设想从位置 A 起,"取消"静摩擦力,那么在一个极短的时间 Δt 内,橡皮塞会沿切线方向运动到 A',而在同一时间内,橡皮塞原来在盘上的位置 A 将沿圆弧运动到 A''(图 4.9),设原来橡皮塞运动的线速度为 v,则 $\overline{AA'}=v\cdot\Delta t$,$\overparen{AA''}=v\cdot\Delta t$,当 $\Delta t\to 0$,弧长与弦长相等,即 $\overparen{AA''}=\overline{AA''}$,所以 $\overline{AA'}=\overline{AA''}$,即△$A'AA''$为等腰三角形. 当 $\Delta t\to 0$ 时,$\angle A'AA''\approx 0$,$A'A''$便与 $A'A$ 垂直. AA' 是切线方向,故 $A'A''$的方向便是垂直于切线指向圆心. A'相对于 A''而言是"离心"的,即橡皮塞与

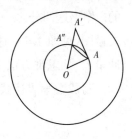

图 4.9

圆盘的相对运动趋势方向是离心的,因此,橡皮塞受到的静摩擦力方向应与这个"相对运动趋势"方向相反——是向心的.

4.2 研究物理规律

中学物理教学中也常用分析与综合的方法研究物理规律,下面举例说明.

弹性碰撞规律

如图 4.10,设球 A、B 在同一直线上做同向运动,球 A 的速度大于球 B 的速度(即 $v_1>v_2$),球 A、B 质量分别为 m_1、m_2. 当两球发生弹性碰撞以后,速度分别为 v'_1 和 v'_2.

我们先用综合的方法(即把 A、B 视为一个系统)来研究其规律.

4 分析与综合对学习和运用物理知识的指导作用

因为弹性碰撞前后,系统的动量守恒、动能也守恒.因此,可以列出下列方程:

$$\begin{cases} m_1 v_1 + m_2 v_2 = m_1 v_1' + m_2 v_2' \\ \dfrac{1}{2} m_1 v_1^2 + \dfrac{1}{2} m_2 v_2^2 = \dfrac{1}{2} m_1 v_1'^2 + \dfrac{1}{2} m_2 v_2'^2 \end{cases}$$

解得

$$\begin{cases} v_1' = \dfrac{(m_1 - m_2) v_1 + 2 m_2 v_2}{m_1 + m_2} \\ v_2' = \dfrac{(m_2 - m_1) v_2 + 2 m_1 v_1}{m_1 + m_2} \end{cases}$$

如果有人提出这样的问题:"A、B 两球的总动能在碰撞过程中每时每刻都守恒吗?""A、B 两球的总动能的最小值为多大?"从上面综合的方法中还不能予以正确的回答,说明我们对弹性碰撞的研究还不充分.因此,我们还必须运用分析的方法,

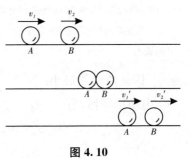

图 4.10

即从整体到局部的方法,把弹性碰撞的全过程(从两球接触到两球分开)分阶段予以研究.

实际上,两球接触以后,形变所产生的弹力对 B 而言,与速度方向相同,使之加速;对 A 而言,与速度方向相反,使之减速.因而 A 球速度逐渐减小,B 球速度逐渐加大.但只要 A 球速度大于 B 球速度,两球就继续挤压,使形变加大,我们称这个过程为压缩阶段(图 4.11 中甲→丙).

当 A、B 两球速度相等的瞬间(图 4.11 中丙),压缩阶段结束.此后,B 球继续加速,A 球继续减速,即 $v_1 < v_2$,两球中心距离逐渐增大,形变逐渐恢复,我们称这个过程为恢复阶段(图 4.11 中丙→戊),直至两球相互脱离(图 4.11 中戊).

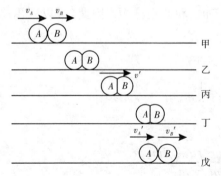

图 4.11 弹性碰撞过程分析

甲. 两球开始接触;乙. 发生挤压而产生形变;丙. 形变最大,两球具有共同速度 v';丁. 形变逐渐恢复;戊. 形变完全消失,两球开始脱离.

应该注意的是,在压缩阶段,因为小球的弹性势能在增大,而总机械能不变,因而两球的总动能在减少;在恢复阶段,因为弹性势能减少,因而两球的总动能在增大. 所以,在两球接触的过程中,总动能是不守恒的. 只是在碰撞前后,总动能守恒. 但是,在任何时刻,总动量是守恒的.

从上述分析我们知道,在形变最大的时刻,两球具有共同速度 v',因而总动能最小.

由动量守恒,有

$$m_1 v_1 + m_2 v_2 = (m_1 + m_2) v'$$

$$v' = \frac{m_1 v_1 + m_2 v_2}{m_1 + m_2}$$

所以,系统总动能最小值为

$$\frac{1}{2}(m_1 + m_2) v'^2 = \frac{1}{2}(m_1 + m_2)\left(\frac{m_1 v_1 + m_2 v_2}{m_1 + m_2}\right)^2$$

$$= \frac{(m_1 v_1 + m_2 v_2)^2}{2(m_1 + m_2)}$$

从上述讨论过程可以看出,对某些物理规律的研究,只有同时运用分析、综合的方法才能搞清楚.

一个碰撞问题伴谬

前面介绍过,定量分析是一种重要的分析方法. 对某些似是而非的问题,必须通过定量分析才能搞清楚.

4 分析与综合对学习和运用物理知识的指导作用

下面,我们通过一位老师和一位同学的对话,看看定量分析的作用.

学生:老师,您在课堂上讲过,若两个物体 m_1、m_2 发生弹性正碰,在第二个物体质量远大于第一个物体,而且第二个物体原来静止的条件下,其结果是第一个物体以原速率反向弹回,而第二个物体保持不动. 例如弹性小球与地球的碰撞即是如此. 但我复习时又想不通了.

老师:你是怎样想的呢?

学生:我想,地球保持不动(如图 4.12 所示,即地球碰撞前后动量均为零,而小球保持原速率反向弹回. 但是,动量是矢量呀!小球在碰撞前后动量方向改变了,把小球和地球作为整体来看,碰前的动量之和为 mv,方向向下;碰后的动量之和为 mv,方向向上. 其总动量发生了方向上的改变,这和弹性碰撞的动量守恒规律不是有矛盾了吗?

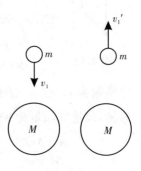

图 4.12

老师:你肯动脑筋,这很好. 不过你要注意,我们所说的 m_1 反向弹回,m_2 保持不变,正是弹性碰撞中总动量守恒、总动能守恒推出的结果. 根据

$$m_1v_1 + m_2v_2 = m_1v_1' + m_2v_2'$$

$$\frac{1}{2}m_1v_1^2 + \frac{1}{2}m_2v_2^2 = \frac{1}{2}m_1v_1'^2 + \frac{1}{2}m_2v_2'^2$$

可得

$$v_1' = \frac{(m_1 - m_2)v_1 + 2m_2v_2}{m_1 + m_2}$$

$$v_2' = \frac{(m_2 - m_1)v_2 + 2m_1v_1}{m_1 + m_2}$$

在 $m_2 \gg m_1$,$v_2 = 0$ 的条件下,可得

$$v_1' \approx -v_1, \quad v_2' \approx 0$$

因此，小球和地球碰撞前后总动量肯定守恒，但是，怎么解释你提出的问题呢？

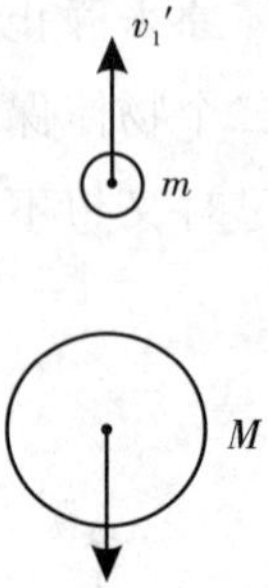

应该注意的是：地球在碰撞以后不是不动，而是近似不动，也就是说，实际上有一个极微小的向下的速度 v_2'（如图 4.13），碰撞后地球的动量并不为零．尤其值得注意的是，v_2' 是一个极小量，但地球质量 M 是一个极大量，一个极大量乘一个极小量，其结果未必极小，也就是说，v_2' 可以忽略，但 Mv_2' 不可忽略．

学生：请老师用具体数字说明一下，好吗？

图 4.13　　　老师：好！应该认真地做一个定量分析．例如，一个质量为 $m=1$ kg 的弹性小球落地速度为 10 m/s，与地面发生弹性碰撞，设地球质量为 $M=6\times10^{24}$ kg，取向下为正．由前述公式可知：

$$v_1'=\frac{(m-M)v_1}{M+m}=\frac{(1-6\times10^{24})\times10}{6\times10^{24}+1}\text{ m/s}\approx-10\text{ m/s}$$

$$v_2'=\frac{2m_1v_1}{M+m}=\frac{2\times1\times10}{6\times10^{24}+1}\text{ m/s}\approx\frac{1}{3}\times10^{-23}\text{ m/s}$$

可以认为 $v_2'=0$，但碰后地球动量为

$$Mv_2'=6\times10^{24}\times\frac{1}{3}\times10^{-23}\text{ kg·m/s}=20\text{ kg·m/s}$$

碰后 M 与 m 之总动量与碰前总动量相同：

$$Mv_2'+Mv_1'=20+(-10)\text{ kg·m/s}=10\text{ kg·m/s}$$

学生：动量守恒的问题我懂了．不过，由于碰撞前后小球 m 的动能不变（因为动能无方向性），而碰撞后地球有了动能 $\frac{1}{2}Mv_2'^2$，难道动能不守恒而是增加了吗？

老师：这里还要注意的是：碰后 M 的动量不可忽略而动能却可忽略．因为 $\frac{1}{2}\cdot Mv_2'^2=\frac{1}{2}(Mv_2')\cdot v_2'$，其中 Mv_2' 是一个有限量，而

4 分析与综合对学习和运用物理知识的指导作用

v_2' 是一个极小量,一个有限量乘一个极小量,其结果一定极小. 就如刚才的问题:碰前 m 的动能为

$$E_{K1} = \frac{1}{2}mv_1^2 = \frac{1}{2} \times 1 \times 10^2 \text{ J} = 50 \text{ J}$$

碰后 m 的动能为

$$E_{K1}' = \frac{1}{2}mv_1'^2 \approx \frac{1}{2} \times 1 \times 10^2 \text{ J} = 50 \text{ J}$$

碰后 M 的动能为

$$E_{K2}' = \frac{1}{2}Mv_2'^2 \approx \frac{1}{2} \times 6 \times 10^{24} \times \left(\frac{1}{3} \times 10^{-23}\right)^2 \text{ J} = \frac{1}{3} \times 10^{-22} \text{ J}$$

也就是说 M 在碰后的动能比起 E_{K1} 和 E_{K1}' 来完全可以忽略不计. 实际上 E_{K2}' 等于 E_{K1} 与 E_{K1}' 的微小差值. 所以碰撞前后总动能也守恒.

学生:我懂了,谢谢老师.

这段师生对话到此告一段落. 亲爱的读者,从这段对话中,你体会到定量分析的重要性了吗?

> **光学成像规律**

在研究光学成像规律时,必须运用分析、综合的方法.

我们研究一物体通过某光学元件成像,总是把物体(发光体)分解为无数多个发光点(点光源),抽出几个有代表性的发光点,讨论其成像的情况,这就是分析. 而一个点光源发出的光,通过光学元件的是一束光,但我们讨论这一束光成像规律时,又把这一束光分解为无数根光线,选取几根代表性的光线去讨论成像规律,这又是一次分析.

我们把点光源发出的几根代表性光线成像复原为光束成像,这就是综合;把物体上各代表点(点光源)成像复原为物体成像,又是一次综合.

总之,讨论物体成像规律,同样离不开分析与综合的思维方法.

例题 1 （2009 江苏）[①]图 4.14 是北京奥运会期间安置在游泳

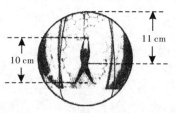

图 4.14

池底部的照相机拍摄的一张照片，相机的镜头竖直向上．照片中，水立方运动馆的景象呈现在半径 $r=11$ cm 的圆形范围内，水面上的运动员手到脚的长度 $l=10$ cm．若已知水的折射率 $n=\dfrac{4}{3}$，请根据运动员的实际身高估算该游泳池的水深 h．（结果保留两位有效数字．）

分析与解答 为什么安置在游泳池底部的照相机拍摄的照片中，水立方运动馆的景象呈现在一个圆形范围内？我们用分析与综合的思维方法去研究它．如图 4.15，设想在游泳池底部放置一点光源 P，P 向上发出范围很大的一束光，我们用分析的方法，把这一束光分解为无数根光线，选取几根有代表性的光线去研究折射的规律．从图 4.15 中可以看出，当入射角小于临界角 $α$ 时，光线可由水射入空气中．当入射角等于或大于临界角 $α$ 时，光线发生全反射，不能射入空气中．

根据光路的可逆性，水面上的物体发出的光线进入水中的光路如图 4.16 所示，所以，水立方运动馆的景象呈现在一个圆形范围内．

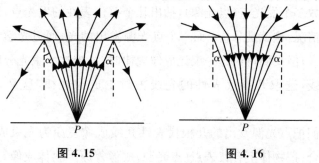

图 4.15　　　　　图 4.16

[①] 2009 年普通高等学校招生全国统一考试江苏卷试题，以后选用的高考试题均作些简称．

4 分析与综合对学习和运用物理知识的指导作用

设该圆的半径为 R，水深为 h，临界角为 α，如图 4.17 所示，则有

$$\sin\alpha = \frac{R}{\sqrt{R^2+h^2}}$$

设照片圆形区域的实际半径 R，运动员手到脚的实际长度为 L（设 $L=2.2$ m），照片的图形与实物的图形成相似形，而相似形对应边成比例，所以有

$$\frac{R}{r}=\frac{L}{l}$$

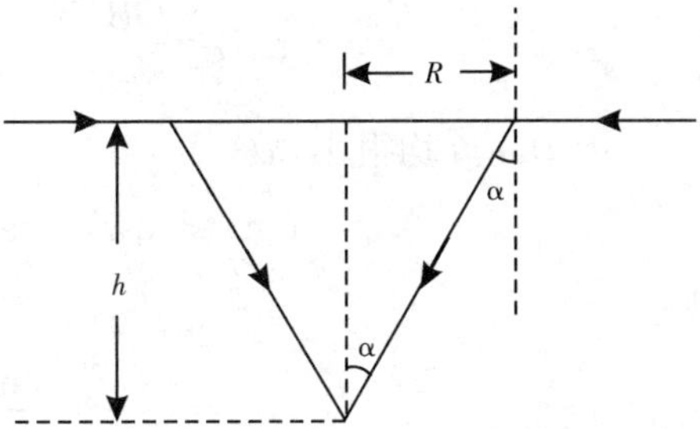

图 4.17

根据折射定律有

$$n\sin\alpha = \sin 90°$$

综上所述，可解得

$$h=\sqrt{n^2-1}\cdot\frac{L}{l}r$$

代入数据，可得 $h=2.1$ m，即游泳池的水深为 2.1 m。

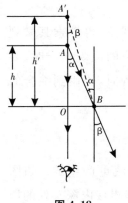

图 4.18

例题 2 点光源 A 置于水面上 h 高处，在 A 点正下方的水中观察到 A 点的"视高"为多大？

分析与解答 从 A 点向空间各个方向都发射光线，而进入人眼的仅是垂直于水面的一小束光线。为了研究这一小束光线的成像情况，我们取其中两根光线来研究——垂直于水面的光线 AO 和略微倾斜的光线 AB。光线 AB 进入水中后方向不变。光线 AB 进入水中后发生折射（如图 4.18），由折射定律，有

$$\frac{\sin\alpha}{\sin\beta} = n$$

而

$$\tan\alpha = \frac{OB}{h}, \quad \tan\beta = \frac{OB}{h'}$$

因为 α、β 均很小,故

$$\tan\alpha \approx \sin\alpha, \quad \tan\beta \approx \sin\beta$$

则

$$n = \frac{\sin\alpha}{\sin\beta} = \frac{\tan\alpha}{\tan\beta} = \frac{h'}{h}$$

得

$$h' = nh$$

即水中正下方观察到 A 点的"视高"为 nh.

用类似的方法可以证明,点光源 A 若置于水下 h 深处,在水面正上方看到 A 点的"视深"为 h/n.

4.3 研究宏观现象的微观机理

人们认识物理现象,往往先接触到宏观现象,再探索其微观机理. 从思维方法的角度看,在探索宏观现象的微观本质时,要用到分析的方法;在研究微观机理的宏观表现时,要用到综合的方法.

气体的压强

我们知道,静止液体的压强可以看作由液重产生的. 如图 4.19 所示,在液内取一个柱体. 由液柱的平衡得液内深 h 处的压强为

$$p = \rho g h$$

4 分析与综合对学习和运用物理知识的指导作用

同样,大气压也可以看成是由大气重量产生的.我们生活在地球上,就像生活在包围地球的大气海洋深处.从地面开始作一个"高耸入云"的空气柱(图 4.20),仿佛叠着无数个空气箱子,由这许多空气箱子的重量产生的压强就是地面上的大气压强.

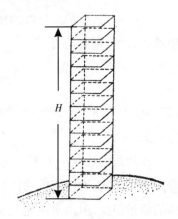

图 4.19　　　　　　　　　图 4.20

也许有的读者会产生疑问,在大气中任意取一小瓶空气并把它密封起来,它对器壁的压强也等于大气压,难道也是由这一小瓶内气体的重量产生的吗?显然,这个看法是不正确的,也是与客观事实相违背的.要理解这个问题,必须从压强的微观机理上去找原因.

气体压强产生的根本原因,是空气分子对器壁的碰撞.大量气体分子碰撞器壁,在单位面积上形成一个持续的作用力,就像密集的雨滴落在伞面上手会感到沉重的压力一样,这就产生了压强.取一个简化的模型,使气体分子像一群弹性小球,一个分子以速度 v 垂直器壁入射后,以同样大小的速度反弹(图 4.21),它受到器壁的冲量大小为

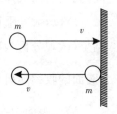

图 4.21

$$I = \Delta mv = 2mv$$

器壁也受到同样大小的冲量. 单位时间内,单位面积上器壁所受的总冲量,就是气体对器壁施加的压强. 用公式可表示为

$$p = \frac{\sum I_i}{ts} = \frac{\sum m_i v_i}{ts}$$

进一步研究可知,气体的压强与气体分子的密度、气体分子的平均动能有关,可表示为

$$p = \frac{2}{3} n_0 \overline{w}$$

式中 n_0 为气体分子密度,$\overline{w}$ 为气体分子的平均动能,它与气体的温度有关.

在地面附近取一小瓶空气时,瓶中气体与周围大气的温度相同,分子密度相同,所以它们的压强也相同. 也就是说,尽管这一小瓶气体的质量很少,但由于决定气体分子碰撞器壁情况的两个参量(n_0、$\overline{w}$)与外界大气完全相同,所以瓶内气体的压强也与外界大气压完全相同.

在离开地面不同高度处,从宏观上说,其上方的空气柱高度不同,由这空气柱重量产生的压强自然也不同. 从不同高度处取一小瓶空气,微观上它与该处"空气箱"的分子密度及分子的平均动能相同,因而瓶内气体对器壁的压强也就等于该处的大气压.

所以,大气重量产生的压强(综合效果)与弹性分子碰撞器壁的结果(微观分析),在这里完全被统一起来了.

液面的收缩趋势

液体表面像一层弹性薄膜,在一定条件下,稳定时有收缩到液面最小的趋势. 如果你用细铅丝做成不同形状的框架(图 4.22),把它们在肥皂液内浸一下后取出,框架上会形成非常漂亮的图形.

液面为什么会有收缩趋势?必须从微观上去分析. 在液体内

4 分析与综合对学习和运用物理知识的指导作用

部,可以认为分子与分子间的引力与斥力相等,处于平衡状态,其相互间距为 r_0(10^{-10} m). 在液面的分子,由于它们受到上方气分子的作用较弱. 某些动能较大的分子能逸出液面,因而液面分子的分布比液内稀,分子间的距离大于 r_0,使得分子间的引力大于斥力(引力占优势). 所以,液面各部分间产生了互相吸引的力(称表面张力),在这个力的作用下,使液面具有收缩的趋势. 在这里,液面的收缩趋势是一个宏观的综合效果,其原因在于微观各分子间的相互吸引.

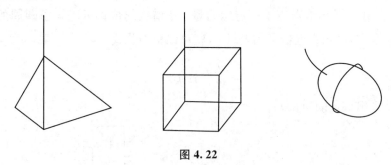

图 4.22

除了上述例子外,中学物理中在研究金属导体中的欧姆定律(宏观规律)和自由电子的定向漂移运动(微观机理)之间关系时,在研究安培力(宏观规律)和洛仑兹力(微观机理)之间关系时,都要用到分析与综合的思维方法,这里就不再详细叙述了.

4.4 帮助理解和指导物理实验

实验是研究物理的重要手段. 当我们设计一个比较复杂的实验时,往往要采用"分析、综合"的思维方法,首先把整个实验装置分解为若干部分,各部分有其独特的作用,而各部分的综合,则体现了整个实验装置的整体功能.

例如,为了理解测定微观粒子荷质比的重要装置——质谱仪的工作原理(如图4.23),就需要把整个实验装置分解为如下几部分:①电离室A,中性的气体分子在这里被电离成离子;②加速器B(图4.23中$S_1 \to S_2$),离子在电场中被加速;③粒子速度选择器C(图中$S_2 \to S_3$),不同速度的离子在这里受到筛选——只让一定速度($v=E/B$)的离子从缝S_3进入磁场区域;④偏转区D,带电粒子在这里受洛仑兹力作用而沿半圆轨道运动;⑤显示屏E,当带电量相同而质量略有不同的带电粒子在磁场中运动时,其轨道半径略有差异,便打到照相底片的不同地方. 在底片上形成若干谱线状的细条,叫做质谱线. 每一条谱线对应于一定的质量. 从谱线的位置可以知道圆周的半径R,已知带电粒子的电量q,就可以根据公式

$$\frac{q}{m} = \frac{2U}{B^2 R^2}$$

计算出粒子的质量m.

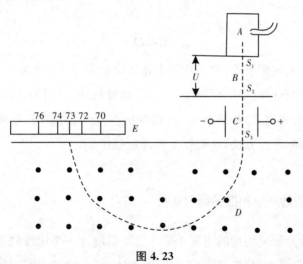

图 4.23

利用质谱仪对某种元素进行测量,可以准确地测出各种同位素的原子量(图4.23所示是锗的质谱线).

又如,在组装一个简单收音机时,可以把整个线路分解为若干部

4 分析与综合对学习和运用物理知识的指导作用

分：①调谐；②高频放大；③检波；④低频放大；⑤电源等．将这几部分加以综合，就弄清了整个收音机的工作原理．

以上我们仅仅从几个方面介绍了分析、综合的思维方法在中学物理教学中的应用．关于如何运用分析、综合的思维方法解题，在下一部分专门介绍．

5 分析与综合在解决中学物理问题中的应用

 物理过程的分析与综合

对于一个复杂的物理过程,一般地说,总是先采用分析的方法,把过程分为若干部分分别加以研究;然后再采用综合的方法,把这些部分结合成为一个统一体加以考察,从而形成一个整体的认识.

例题 1(2013　上海)　汽车以恒定功率沿公路做直线运动,途中通过一块沙地.汽车在公路及沙地,所受阻力均为恒力,且在沙地上受到的阻力大于在公路上受到的阻力.汽车在驶入沙地前已做匀速直线运动,它在驶入沙地到驶出沙地后的一段时间内,位移 x 随时间 t 的变化关系可能是图 5.1 中的(　　).

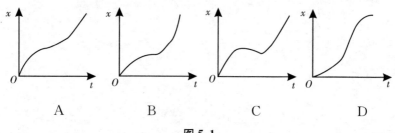

图 5.1

分析与解答　本题利用 x-t 图像考查考生对牛顿定律、功率与速度关系的理解,关键是要求考生对汽车运动过程和受力情况作正确的分析.

汽车在公路上匀速行驶时牵引力等于阻力,则 $P=Fv=fv$,进入沙地后,阻力增大,起初汽车做减速运动,因为功率不变,速度的减小引起牵引力的增大,直至牵引力等于沙地阻力,汽车在沙地里做速度较小的匀速运动. 驶出沙地后,阻力减小,汽车经过一段加速运动后,恢复原来的速度做匀速运动.

在 x-t 图像中,曲线上某一点的切线的斜率表示速度. 图像 A 中,图线前一段为斜率较大的直线,表示汽车在公路上匀速行驶;后平滑过渡到斜率较小的直线,表示汽车在沙路上匀速行驶;再平滑过渡到斜率较大的直线(且斜率与第一段相同),表示汽车又在公路上匀速行驶. 所以 A 正确.

图像 B 中,最后一段直线斜率大于第一段斜率,不合题意,故 B 错.

图像 C 中间一段图线斜率为负,表示开倒车,不合题意,故 C 错.

图像 D 中,中间一段图线斜率比开始和最后大,表示在沙地上行驶的速度大于在公路上行驶的速度,不合题意,故 D 错.

例题 2(2013 新课标) 如图 5.2,在光滑水平桌面上有一边长为 L、电阻为 R 的正方形导线框;在导线框右侧有一宽度为 $d(d>L)$ 的条形匀强磁场区域,磁场的边界与导线框的一边平行,磁场方向竖直向下. 导线框以某一初速度向右运动. $t=0$ 时导线框的右边恰与磁场的左边界重合,随后导线框进入并通过磁场区域. 下列 v-t 图像中,可能正确描述上述过程的是( ).

分析与解答 解此题的关键是对线框的运动做正确的过程分析. 本题中线框的运动可分为三个阶段:

第一阶段,部分线框进入磁场,右边导线切割磁感线产生感应电动势 $E=BLv$,线框中感应电流为 $I=\dfrac{BLv}{R}$,所受安培力为 $F=BIL$

$=\dfrac{B^2L^2v}{R}$,加速度为 $a=\dfrac{B^2L^2v}{Rm}$,线框在安培力的作用下做加速度越来越小的减速运动.

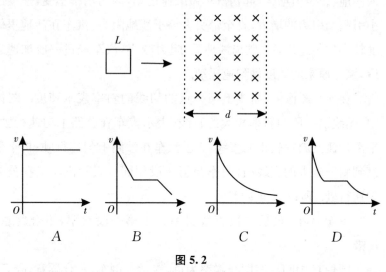

图 5.2

第二阶段,线框全部进入磁场,左、右两边都切割磁感线,产生的感应电动势等值而反向,线框中无感应电流,无安培力,线框做匀速运动.

第三阶段,线框右边出磁场,左边依然切割磁感线,有安培力作用,与第一阶段类似,线框做加速度越来越小的减速运动.

因为 v-t 图中图线的切线斜率代表加速度,加速度越来越小的减速运动,其图线应为曲线,且曲线的切线斜率越来越小.所以,第一阶段和第三阶段的图线应是切线斜率越来越小的曲线,第二阶段的图线应为平行于 t 轴的直线,故选项 A、B、C 错误,D 正确.

例题 3(2013 江苏) 如图 5.3 所示,一定质量的理想气体从状态 A 依次经过状态 B、C 和 D 后再回到状态 A.其中,$A\rightarrow B$ 和 $C\rightarrow D$ 为等温过程,$B\rightarrow C$ 和 $D\rightarrow A$ 为绝热过程(气体与外界无热量交换).这就是著名的"卡诺循环".

5 分析与综合在解决中学物理问题中的应用

(1) 该循环过程中,下列说法正确的是_____.

A. $A \to B$ 过程中,外界对气体做功

B. $B \to C$ 过程中,气体分子的平均动能增大

C. $C \to D$ 过程中,单位时间内碰撞单位面积器壁的分子数增大

D. $D \to A$ 过程中,气体分子的速率分布曲线不发生变化

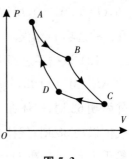

图 5.3

(2) 该循环过程中,内能减少的过程是_____(填"$A \to B$"、"$B \to C$"、"$C \to D$"或"$D \to A$"). 若气体 $A \to B$ 过程中吸收 63 kJ 的热量,在 $C \to D$ 过程中放出 38 kJ 的热量,则气体完成一次循环对外做的功为_____kJ.

(3) 若该循环过程中的气体为 1 mol,气体在 A 状态时的体积为 10 L,在 B 状态时压强为 A 状态时的 $\dfrac{2}{3}$. 求气体在 B 状态时单位体积内分子数. (已知阿伏伽德罗常数 $N_A = 6.0 \times 10^{23}$ mol^{-1},计算结果保留一位有效数字)

分析与解答 本题考查了一定质量的理想气体的 pV 图像分析和气体分子的有关计算. 解题的关键是对 p-V 图像所表示的四个过程做准确的分析. 从思维方法的角度看,是用先分析后综合的方法.

(1) $A \to B$ 的过程是等温膨胀过程,由热力学第一定律 $\Delta E = W + Q$ 知,内能不变,气体对外做功,吸热. 故选项 A 错误. $B \to C$ 的过程是绝热膨胀过程,气体对外做功,气体温度降低,内能减小,故气体分子的平均动能减小,选项 B 错误. $C \to D$ 的过程,气体温度不变,体积变小,气体密度增大,单位时间内碰撞单位面积器壁的分子数将增多,故选项 C 正确. $D \to A$ 过程是绝热压缩过程,由 $\Delta E = W + Q$

知,$Q=0$,$W>0$,所以 $\Delta E>0$,气体分子的速率分布曲线应发生变化. 故选项 D 错误.

(2) 该循环过程中,内能减小的过程是 $B \to C$. 由热力学第一定律 $\Delta E=W+Q$ 知,气体 $A \to B$ 的过程中吸收 63 kJ 的热量,就是对外做功 63 kJ;气体在 $C \to D$ 的过程中放出 38 kJ 的热量,就是外界对气体做功 38 kJ;气体在 $B \to C$ 的绝热过程中,对外膨胀做负功,其值等于 $E_C - E_B$,在 $D \to A$ 的绝热过程中,外界对气体做正功,其值等于 $E_A - E_D$,因为 $E_A = E_B$, $E_C = E_D$,故 $B \to C$, $D \to A$ 的过程中做功的代数和为零. 故气体完成一次循环对外做功为 $W=63-38=25$ (kJ).

(3) 等温过程,$p_A V_A = p_B V_B$,单位体积内的分子数 $N = \dfrac{n_A}{V_Z}$. 解得 $N = \dfrac{n N_A p_B}{p_A V_A}$,代入数据得 $N = 4 \times 10^{25}$ m^{-3}.

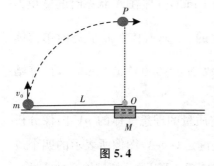

图 5.4

例题 4（2011　安徽） 如图 5.4 所示,质量 $M=2$ kg 的滑块套在光滑的水平轨道上,质量 $m=1$ kg 的小球通过长 $L=0.5$ m 的轻质细杆与滑块上的光滑轴 O 连接,小球和轻杆可在竖直平面内绕 O 轴自由转动. 开始轻杆处于水平状态,现给小球一个竖直向上的初速度 $v_0 = 4$ m/s,g 取 10 m/s^2.

(1) 若锁定滑块,试求小球通过最高点 P 时对轻杆的作用力大小和方向.

(2) 若解除对滑块的锁定,试求小球通过最高点时的速度大小.

(3) 在满足(2)的条件下,试求小球击中滑块右侧轨道位置点与

5 分析与综合在解决中学物理问题中的应用

小球起始位置点间的距离.

分析与解答 这是一个结合着圆运动、能量和动量的综合题,必须把它分解成几个过程进行研究.

(1) 设小球能通过最高点,且通过最高点时的速度为 v_1. 从初始位置到最高点的过程中,只有重力做功,小球与地球系统的机械能守恒,由

$$\frac{1}{2}mv_0^2 = \frac{1}{2}mv_1^2 + mgL \qquad ①$$

设在最高点位置时,轻杆对球的作用力为 F,方向向下. 由向心力条件

$$F + mg = m\frac{v_1^2}{L} \qquad ②$$

由①式得

$$v_1 = \sqrt{v_0^2 - 2gL} = \sqrt{4^2 - 2\times 10\times 0.5} \text{ m/s} = \sqrt{6} \text{ m/s}$$

所以

$$F = m\frac{v_1^2}{L} - mg = 1\left(\frac{6}{0.5} - 10\right) \text{ N} = 2 \text{ N}$$

由牛顿第三定律可知,小球对轻杆的作用力大小为 2 N,方向竖直向上.

(2) 解除锁定后,小球在向最高点运动过程中会带动滑块运动. 设小球通过最高点的速度为 v_2,此时滑块的速度为 V. 由于小球—滑块系统在水平方向上不受外力作用,水平方向的动量守恒. 以水平向右为正方向,有

$$mv_2 + MV = 0 \qquad ③$$

同理,小球上升过程中,系统的机械能守恒,又有

$$\frac{1}{2}mv_0^2 = \frac{1}{2}mv_2^2 + \frac{1}{2}MV^2 + mgL \qquad ④$$

联立③、④两式得

$$v_2 = \sqrt{\dfrac{v_0^2 - 2gL}{1+\dfrac{m}{M}}} = \sqrt{\dfrac{4^2 - 2\times 10 \times 0.5}{1+\dfrac{1}{2}}}\ \text{m/s} = 2\ \text{m/s}$$

(3) 设小球击中滑块右侧轨道的位置点与小球起始点的距离为 s_1，滑块向左相应移动的距离为 s_2。在这个相互作用过程中，某个任意时刻小球的水平速度大小为 v_3，滑块的速度大小为 V'。以小球的速度方向为正方向，由系统水平方向的动量守恒，得

$$mv_3 - MV' = 0 \qquad ⑤$$

将它两边同时乘以 Δt，变为

$$mv_3 \Delta t - MV' \Delta t = 0 \qquad ⑥$$

因为上式对任意时刻附近的微小时间间隔 Δt 都成立，所以积累相加后，有

$$v_3 \Delta t = s_1,\quad V' \Delta t = s_2$$

即

$$ms_1 - Ms_2 = 0 \qquad ⑦$$

又有

$$s_1 + s_2 = 2L \qquad ⑧$$

联立两式得

$$s_1 = \dfrac{2LM}{m+M} = \dfrac{2\times 0.5 \times 2}{1+2}\ \text{m} = \dfrac{2}{3}\ \text{m}$$

例题 5 如图 5.5 所示，光滑的四分之一圆弧轨道半径 $R = 0.8$ m，小平板车 A、B 并在一起放在光滑的水平面上。它们的质量分别为 $M_A = 4$ kg，$M_B = 6$ kg。两车高度相同，其上表面恰与圆弧的下沿相切。质量 $m = 1.5$ kg 的滑块 C 由静止起从圆弧槽最高点滑下，接着滑上小车 A，又滑上小车 B，最后跟小车 B 一起以 $v' = 0.6$ m/s 的速度匀速向右运动，求：

(1) C 离开 A 时，B 的速度；

（2）C 刚滑上 B 时的速度；

（3）在整个过程中系统增加的内能.

分析与解答 滑块 C 从静止滑下，直至与 B 以共同速度 v' 前进，中间经历了复杂的物理过程，可以把它分解为三个阶段.

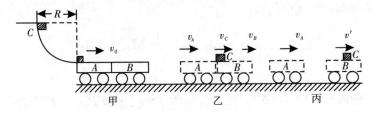

图 5.5

第一阶段：C 沿圆弧滑下，遵守机械能守恒定律，滑至圆弧最低点的速度为 $v_0 = \sqrt{2gR} = 4 \text{ m/s}$.

第二阶段（图 5.5 中甲→乙）：C 滑上 A 车，由于 C 与 A 之间摩擦力的作用，C 减速，A 和 B 加速，直至 C 越过 A 滑至 B 上（状态乙），在此阶段中，A、B、C 组成的系统动量守恒，即

$$m_0 v_0 = M_A v_A + M_B v_A + m_C v_C \qquad ①$$

第三阶段（图 5.5 中乙→丙）：C 滑离 A，A 车由于惯性保持速度 v_A 运动，C、B 组成系统动量守恒：

$$m_C v_C + M_B v_A = (m_C + M_B) v' \qquad ②$$

综合①、②式得

$$m_0 v_0 = M_A v_A + (M_B + m_C) v'$$

解得

$$v_A = \frac{m_C v_0 - (M_B + m_C) v'}{M_A} = 0.375 \text{ m/s}$$

将 v_A 之值代入①式，得

$$v_C = \frac{m_C v_0 - (M_A + m_B) v_A}{m_C} = 1.5 \text{ m/s}$$

我们运用分析的方法得出了 C 离开 A 时, B 的速度为 0.375 m/s;C 刚滑上 B 时的速度为 1.5 m/s.

至于要求出整个过程中系统内能的增量,就必须应用综合的方法,把全过程当做一个整体考察. 在整个过程中,系统损失的机械能就等于系统增加的内能.

$$\Delta E = m_0 gR - \frac{1}{2}M_A v_A^2 - \frac{1}{2}(M_B + m_C)v'^2$$
$$= 10.36\text{ J}$$

例题 6(2013 广东) 如图 5.6,两块相同平板 P_1、P_2 置于光滑水平面上,质量均为 m. P_2 的右端固定一轻质弹簧,左端 A 与弹簧的自由端 B 相距 L. 物体 P 置于 P_1 的最右端,质量为 $2m$ 且可看做质点. P_1 与 P 以共同速度 v_0 向右运动,与静止的 P_2 发生碰撞,碰撞时间极短,碰撞后 P_1 与 P_2 粘连在一起. P 压缩弹簧后被弹回并停在 A 点(弹簧始终在弹性限度内). P 与 P_2 之间的动摩擦因数为 μ. 求:

(1) P_1 与 P_2 刚碰完时的共同速度 v_1 和 P 的最终速度 v_2;

(2) 此过程中弹簧的最大压缩量 x 和相应的弹性势能 E_p.

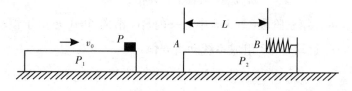

图 5.6

分析与解答 此题是一道力学综合题,考查动量守恒定律和能量守恒定律的应用. 关键是对运动的过程进行准确的分析和适当的综合.

(1) 有一些细节我们应当注意:① P_1 与 P 以共同的速度 v_0 向右运动,P_1 与静止的 P_2 发生碰撞,碰撞时间极短,碰撞的相互作用力极大(这样,相互作用力产生的冲量才足以改变两者的动量),而在同样极短的时间内,摩擦力产生的冲量可忽略不计,所以,P 在碰撞前后速度保持不变. ② 因为 P_1、P_2 碰撞后粘在一起运动,故属于完全非弹性碰撞,动量守恒而机械能不守恒(有所损失,转化为其他形式的能).

设 P_1、P_2 碰撞后粘在一起运动的速度为 v_1,由动量守恒定律知
$$(m+2m)v_0 = 2mv_0 + (m+m)v_1$$
得
$$v_1 = \frac{v_0}{2}$$

设 P 的最终速度为 v_2,由整个系统、整个过程的动量守恒知
$$2mv_0 + mv_0 = 4mv_2$$
得
$$v_2 = \frac{3}{4}v_0$$

(2) 从 P_1、P_2 碰撞完毕到物体 P 最后停在 A 点,应用能量守恒定律知,因摩擦产生的热能(滑动摩擦力乘物体间的相对位移)等于系统机械能的减少:
$$2\mu mg \cdot 2(L+x) = \frac{1}{2} \cdot 2mv_0^2 + \frac{1}{2} \cdot 2mv_1^2 - \frac{1}{2} \cdot 4mv_2^2$$
得
$$x = \frac{v_0^2}{32\mu g} - L$$

设弹簧压缩量最小时,系统共同速度为 v_3,则由动量守恒定律知
$$2mv_0 + mv_0 = 4mv_3$$
得
$$v_3 = \frac{3}{4}v_0$$

最后,再对 P_1P_2 碰撞完毕到弹簧压缩量最小时列能量守恒定律(摩擦产生的热能等于系统机械能的减少):

$$2\mu mg(L+x) = \frac{1}{2} \cdot 2mv_0^2 + \frac{1}{2} \cdot 2mv_1^2 - (\frac{1}{2} \cdot 4mv_3^2 + E_p)$$

得

$$E_p = \frac{1}{16} \cdot mv_0^2$$

例题 7 如图 5.7 所示,一端封闭,内径均匀的玻璃管长 1 m,其中有一段 15 cm 长的水银柱,把一部分空气封在玻璃管内 A 部分.当玻璃管水平放置时,封闭气柱 A 长 40 cm.当把玻璃管在竖直面内缓慢地转到竖直位置后,再把开口端向下插入水银槽中,直至气柱 A 的长度为 37.5 cm 为止.这时整个系统处于平衡.已知大气压为 75 cmHg 高,系统的温度不变,求由水银槽内进入玻璃管内的水银的高度 h.

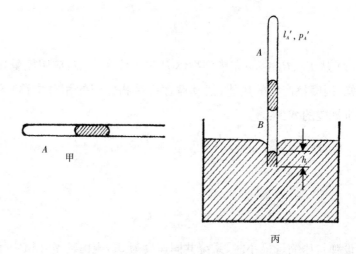

图 5.7

分析与解答 很多同学试图直接将图示的两种状态(甲、丙)相比较,运用玻意耳定律求解,但总是不得其解.原因是他们没有能对物理过程作准确的分析.

应该注意到,系统经历了三个稳定的状态,在这三个稳定状态间经历了两次等温变化.

第一阶段：试管由水平转至竖直(图 5.8 中甲→乙)，设状态乙时 A 中气柱长度为 l'，由玻意耳定律，有

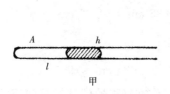
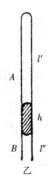

图 5.8

$$lSp_0 = l'S(p_0 - h)$$

得

$$l' = l\frac{p_0}{p_0 - h} = 50 \text{ cm}$$

则玻璃管下部气柱长

$$l'' = (L - l' - h) = 35 \text{ cm}$$

第二阶段：试管插入水银槽中直至平衡(图 5.8 中乙→图 5.7 中丙)．以管内空气柱 A 为对象，由状态乙至状态丙，根据玻意耳定律，有

$$(p_0 - h)l'S = p'_A l'_A S$$

其中

$$l'_A = 37.5 \text{ cm}$$

可得

$$p'_A = (p_0 - h)\frac{l'}{l'_A} = 80 \text{ cmHg}$$

在状态丙时，B 内空气柱压强为

$$p'_B = (80 + 15) \text{ cmHg} = 95 \text{ cmHg}$$

由状态乙至状态丙,对空气柱 B 运用玻意耳定律有
$$p_B l_B S = p'_B l'_B S$$
得
$$l'_B = \frac{P_B}{P'_B} l_B = \frac{75}{95} \times 35 \text{ cm} = 27.63 \text{ cm}$$
所以,水银槽内进入玻璃管的水银柱高度为
$$h = (100 - 37.5 - 15 - 27.63) \text{ cm} = 19.9 \text{ cm}$$
从这个例题可以看出,对过程作准确细致的分析是何等的重要!

"全过程法"

在有些问题中,用综合的方法,把整个物理过程当做一个完整的对象去研究,而不细究其过程的具体细节,往往会收到极其简捷的效果,我们不妨称这种方法为"全过程法".

例题 1 如图 5.9,电阻为 R 的矩形导体线圈 $abcd$,边长 $ab = L, ad = h$,质量为 m. 自某一高度自由落下,通过一匀强磁场,磁感应强度垂直纸面向里,磁场区域宽度为 h. 若线框恰以恒定速度通过磁场,线框中产生的焦耳热是多少?

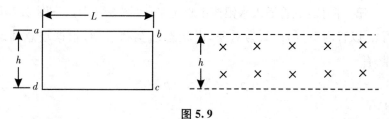

图 5.9

分析与解答 先用分析的方法求解.

把线框通过磁场的过程分为两个阶段:第一阶段是 dc 边进入磁场,此时 dc 中感应电流在磁场中所受安培力恰等于线框重力,即
$$BIL = mg$$
得

5 分析与综合在解决中学物理问题中的应用

$$B\frac{BLv}{R}L = mg$$

得

$$\frac{B^2L^2v}{R} = mg \qquad ①$$

当 cd 边出磁场时，ab 边恰好进入磁场，这时，①式仍成立.

设感应电流存在的时间为 t，$t = 2h/v$. 产生的焦耳热为

$$Q = I^2Rt = \frac{(mg)^2}{(BL)^2} \cdot R \cdot \frac{2h}{v}$$

$$= 2mgh\frac{mgR}{B^2L^2v} = 2mgh$$

如果我们采用"全过程法"，把整个匀速运动的过程当做完整的过程考虑. 此过程中重力势能减少 $2mgh$，而动能不变，根据能量守恒和转化定律，减少的机械能应全部转化为焦耳热. 因此，答案也为 $2mgh$.

显然，这个问题用"全过程法"解比用分析法解简捷得多.

例题 2 一个弹性小球，从 h_1 高度由静止落下，经地面一次反弹以后能回跳至 h_2 高处. 设小球与地面碰撞时不损失能量，空气阻力恒定. 求这个球从 h_1 高处由静止落下直至完全静止时共通过的总路程 s.

分析与解答 我们仔细分析一下小球的运动过程，会发现这个过程是很复杂的（如图 5.10）.

小球从 h_1 高处落下，回跳至 h_2 高处，再落下，回跳至 h_3 高处……如此反复直至完全停止. 可以说，小球上下跳动可达无限多次.

下面，先用分析的方法求解.

小球从 A 落至地面再反跳至 B，机械能损失 $mg(h_1 - h_3)$，小球克服空气阻力做功 $W = f(h_1 + h_2)$，（设空气阻力恒定）由功能原理得

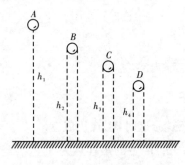

图 5.10

$$f(h_1+h_2)=mg(h_1-h_2)$$

可得

$$f=mg\frac{(h_1-h_2)}{(h_1+h_2)} \qquad ①$$

小球从 $B \to C$,克服空气阻力做功 $W=f(h_2+h_3)$,机械能损失 $mg(h_2-h_1)$. 得

$$f(h_2+h_3)=mg(h_2-h_3) \qquad ②$$

将①式代入②式,得

$$mg\frac{(h_1-h_2)(h_2+h_3)}{h_1+h_2}=mg(h_2-h_3)$$

得

$$h_3=\frac{h_2^2}{h_1}$$

令

$$\frac{h_2}{h_1}=k$$

则

$$h_3=kh_2$$

按照递推规律,从 C 到 D,小球也将重复上述过程,即

$$h_4=kh_3, \quad h_5=kh_4, \quad \cdots, \quad h_n=kh_{n-1}, \quad \cdots$$

这样,小球跳动的总路程为

$$s=h_1+2h_2+2h_2k+2h_2k^2+2h_2k^3+\cdots$$

其中,$(2h_2+2h_2k+2h_2k^2+2h_2k^3+\cdots)$ 是一个无穷递减等比数列,其总和为 s',可得

$$s'=\frac{2h_2}{1-k}=\frac{2h_2}{1-h_2/h_1}=\frac{2h_1h_2}{h_1-h_2}$$

所以

5 分析与综合在解决中学物理问题中的应用

$$s = s' + h_1 = h_1 \frac{h_1 + h_2}{h_1 - h_2}$$

如果我们采用综合的方法——"全过程法",把小球从 A 点自静止落下直至完全静止当做"一个过程",由功能原理,在这个"过程"中,小球克服阻力做的功等于机械能的损失,即

$$mgh_1 = fs$$

而

$$f = mg \frac{h_1 - h_2}{h_1 + h_2}$$

代入可得

$$s = \frac{mgh_1}{f} = h_1 \frac{h_1 + h_2}{h_1 - h_2}$$

显然,在这个问题中,综合法要比分析法简捷得多.

5.2 研究对象的分析与综合

我们研究连接体问题时,往往采用"隔离法"——把连接体中某一物体暂时与其他物体"隔离"起来,单独对它进行研究. 这就是一种分析的方法——从整体到部分的研究方法. 有时,我们又采用"整体法"——把相连接的各个物体统一起来加以研究. 这就是一种综合的方法——从部分到整体的方法.

在解决实际问题时,这两种方法往往是交替使用的. 有时主要采用分析的方法,或主要采取综合的方法. 视具体情况而定. 下面举例说明.

例题 1 五本质量均为 m 的相同的书,被两块木板如图 5.11 所示夹住,试求第 2 本与第 3 本书之间的摩擦力.

分析与解答 把五本书作为一个整体,竖直方向上它受到向下

图 5.11

的重力 $5mg$、两侧木板的摩擦力 f_1、f_2，且 $f_1 = f_2 = \dfrac{5}{2}mg$（图 5.12）.

分别把第 1 本与第 2 本隔离出来. 因 $f_1 > mg$，所以第 2 本书对第 1 本书的静摩擦力方向必向下，其大小为

$$f_{21} = f_1 - mg = \dfrac{5}{2}mg - mg = 1.5mg$$

以第 2 本书为对象，它受到向下的重力 mg，第 1 本书对第 2 本书的摩擦力 f'_{21}，其大小 $f'_{21} = f_{21} = 1.5\,mg$，可见，它必然还受到第 3 本书对它施加的向下的静摩擦力（图 5.12），其大小

$$f_{32} = f'_{21} - mg = 1.5mg - mg = 0.5mg$$

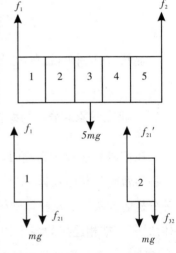

图 5.12

例题 2 质量为 M 的人，站在质量为 m 的平台上，人用力拉绳，使人与平台共同以加速度 a 上升. 试求人对绳子的拉力 T 和人对平台的压力 N. 动滑轮重力及绳与滑轮间摩擦不计（见图 5.13）.

分析与解答 我们先隔离人，如图 5.14，人受三力作用：T、N、Mg（其中 T 为绳拉人的力，N 为平台对人的支持力）. 由牛顿第二定律得

$$T + N - Mg = Ma \qquad ①$$

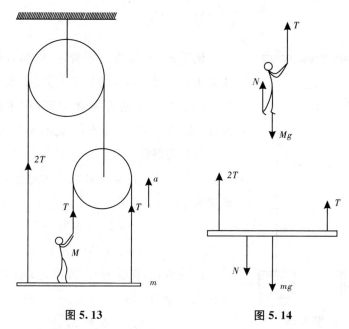

图 5.13 图 5.14

再隔离板,板受四力作用:绳的拉力 T、$2T$、重力 mg、人对板的压力 N. 由牛顿第二定律得

$$T+2T-N-mg=ma \qquad ②$$

综合①、②两式,得

$$4T=(M+m)(g+a) \qquad ③$$

$$T=\frac{(M+m)(g+a)}{4}$$

代入①式,得

$$N=M(g+a)-T=\frac{(3M-m)(g+a)}{4}$$

说明 也可把人、平台作为一个整体,此时人与平台间的相互作用力 N 是内力,它是成对出现的,不出现在整体的运动方程中,由

$$2T+T+T-(M+m)g=(M+m)a$$

即可解得

$$T=\frac{(M+m)(g+a)}{4}$$

例题 3 一绳绕过定滑轮,两端各挂一质量为 M 的砝码,系统处于平衡态. 现在左边砝码上加一质量为 m 的砝码,则平衡被破坏. 试求 m 对 M 的压力(见图 5.15).

分析与解答 我们采用先综合、后分析的方法去研究. 将整个系统作为对象,其加速度大小为 a,则

$$mg=(2M+m)a$$
$$a=mg/(2M+m)$$

再隔离 m,其受力有二:重力 mg 向下,支持力 N 向上,则

$$mg-N=ma$$

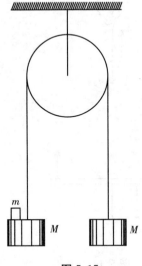

图 5.15

所以

$$N=m(g-a)=mg\left(\frac{2M}{2M+m}\right)$$

例题 4 图 5.16 所示的三个物体质量分别为 m_1、m_2 和 m_3,带有滑轮的物体放在光滑水平面上,滑轮和所有接触面的摩擦以及绳的质量均不计. 为使三个物体无相对运动,水平推力 F 多大?

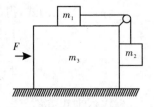

图 5.16

分析与解答 三个物体无相对滑动,可以作为一个整体,设其加速度为 a,则由牛顿第二定律知

$$F=(m_1+m_2+m_3)a \qquad ①$$

分别隔离 m_1、m_2,设绳中张力为 T,则 m_1 水平方向受绳的张力而加速运动,m_2 竖直方向受重力和绳的张力,处于平衡状态,因此

$$T = m_1 a \qquad ②$$
$$T = m_2 g \qquad ③$$

联立①、②、③三式得水平推力

$$F = \frac{m_2}{m_1}(m_1 + m_2 + m_3)g$$

说明 本题也可把每个物体都隔离出来. 对 m_3, 除了受到水平推力 F 外, 还受到 m_2 对 m_3 的水平作用力 T' 和滑轮一侧绳的作用力 T(见图 5.17). 由

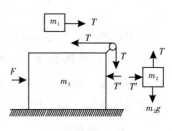

图 5.17

$$F - T' - T = m_3 a$$
$$T' = m_2 a, \quad T = m_2 g$$
$$T = m_1 a$$

联立即可解出 F.

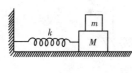

图 5.18

例题 5 在光滑水平地面上,叠放着质量分别为 M 和 m 的两个物体,M 与一根劲度系数为 k 的轻弹簧相连,两者一起做简谐运动(图 5.18). 如两者不发生相对滑动的振幅最大值为 A,确定两物体做简谐振动时回复力表达式中的比例系数.

分析与解答 两物体一起振动,可作为一个整体,由弹簧的弹力作为回复力. 所以,对 $(m+M)$ 这一整体的回复力表达式为

$$F = kx$$

当 $x = A$ 时,回复力达最大值,加速度也最大,可得

$$a_{\max} = \frac{F_{\max}}{m+M} = \frac{kA}{m+M}$$

对每一个物体,设其回复力的比例系数分别为 k_m 和 k_M,则回复力表达式分别为

$$F_m = k_m x, \quad F_M = k_M x$$

同理,当 $x=A$ 时,加速度也最大,即

$$a_{\max}=\frac{k_m A}{m} \quad \text{或} \quad a_{\max}=\frac{k_M A}{M}$$

把它们与整体的最大加速度相比较,得

$$k_m=\frac{m}{m+M}k, \quad k_M=\frac{M}{m+M}k$$

由此可见,一个振动系统中,非但整体的回复力与各部分的回复力不同,而且整体的"k"与各部分的"k"也往往不同.

例题 6 如图 5.19,动滑轮质量不计,一切摩擦不计.已知 A、B 质量分别为 m_1、m_2,用水平力 F 作用于 A 上,试求 A、B 的加速度 a_1、a_2 分别为多大?

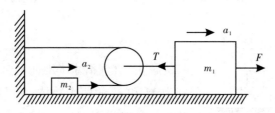

图 5.19

分析与解答 采用"隔离法".对 A、B 分别列牛顿第二定律方程

$$\begin{cases} F-T=m_1 a_1 \\ T/2=m_2 a_2 \end{cases}$$

又由几何关系知

$$a_2=2a_1$$

综合前三式,可解得

$$a_1=F/(4m_2+m_1)$$
$$a_2=2F/(4m_2+m_1)$$

这类问题中两个物体不具有相同的加速度,因此,一般不采用综合法解.

5 分析与综合在解决中学物理问题中的应用

例题 7(2013　上海)　半径为 R、均匀带正电荷的球体在空间产生球对称的电场,场强大小沿半径分布如图 5.20 所示,图中 E_0 已知,$E\text{-}r$ 曲线下 $O\sim R$ 部分的面积等于 $R\sim 2R$ 部分的面积.

(1) 写出 $E\text{-}r$ 曲线下面积的单位;

(2) 已知带电球在 $r \geqslant R$ 处的场强 $E = \dfrac{kQ}{r^2}$,式中 k 为静电力常量,该均匀带电球所带的电荷量 Q 为多大?

(3) 求球心与球表面间的电势差 ΔU;

(4) 质量为 m、电荷量为 q 的负电荷在球面处需具有多大的速度可以刚好运动到 $2R$ 处?

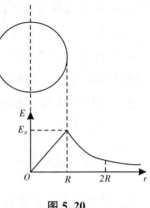

图 5.20

分析与解答　该题考查学生对电场的性质的理解,对电场强度与电势差关系的理解,以及对图像下和坐标轴所包围面积物理意义的理解.

(1) 如图 5.24,我们用先分析后综合的方法来研究 $E\text{-}r$ 曲线和 r 轴所包围的面积的物理意义.

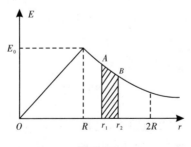

图 5.21

在 r 轴的 $R\text{-}2R$ 区间内任取两个靠得很近的点 r_1 和 r_2,令 $\Delta r = r_2 - r_1$(理论上可认为 $\Delta r \to 0$),设 r_1 处对应的场强为 E_1,r_2 处对应

的场强为 E_2,因为 $\Delta r \to 0$,所以 E_1、E_2 可认为相等并设其为 E,我们在图像 AB 段下作一曲边梯形(图中画阴影线的部分),该曲边梯形的面积应为 $E\Delta r$,但是,根据电场强度与电势差的关系知:电场强度与沿着电场线的方向的距离的乘积等于两点之间的电势差,即 $E\Delta r = \Delta U$. 这样,我们就知道,曲边梯形 ABr_2r_1 的面积代表 r_2 与 r_1 之间的电势差. 同理,我们可以在 R-2R 区间内做无穷多个无穷小的曲边梯形,它们的总和就是 2R 与 R 之间的电势差,这就是 E-r 曲线和 r 轴所包围的面积的物理意义. 显然,E-r 曲线下面积的单位应是电势差的单位伏特.

(2) 在带电球表面处,$r = R$,$E = E_0$,由 $E = \dfrac{kQ}{r^2}$,可得 $E_0 = \dfrac{kQ}{R^2}$,因此,带电球带电量为 $Q = \dfrac{E_0 R^2}{k}$.

(3) 由于图像和坐标轴所包围的面积表示电势差,则球心与球表面间的电势差应等于一个三角形的面积,即

$$\Delta U = \frac{1}{2} E_0 R$$

(4) 设质量为 m、电荷为 q 的负电荷在球面处具有速度 v_0 可以刚好运动到 2R 处. 由动能定理

$$-qU = 0 - \frac{1}{2} m v_0^2$$

得

$$v_0 = \sqrt{\frac{qE_0 R}{m}}$$

例题 8 如图 5.22 电路中,已知 $\varepsilon_1 = 12$ V、$\varepsilon_2 = 6$ V,内阻不计,$R_1 = R_2 = 3$ Ω. 试求 b、c 间的电势差.

分析与解答 对整个闭合电路,由欧姆定律得电流强度

$$I = \frac{\varepsilon_1 - \varepsilon_2}{R_1 + R_2} = \frac{12 - 6}{3 + 3} \text{ A} = 1 \text{ A}$$

5 分析与综合在解决中学物理问题中的应用

其方向沿顺时针向绕行.

为了求 b,c 间的电势差,需要把其中一部分电路隔离出来. 可以有图 5.23(a)、(b) 两种方法.

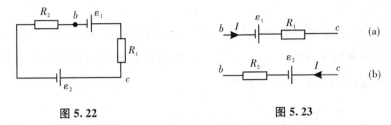

图 5.22　　　　　图 5.23

对图 5.23(a),电流方向与 b,c 间电势差方向一致,则
$$U_{bc} = -\varepsilon_1 + IR_1 = -12\text{ V} + 1 \times 3\text{ V} = -9\text{ V}$$

对图 5.23(b),由于电流方向与 b、c 电势差方向相反,为不致发生错误,可先改求 U_{cb},即
$$U_{cb} = \varepsilon_2 + IR_2 = 6\text{ V} + 1 \times 3\text{ V} = 9\text{ V}$$

所以
$$U_{bc} = -U_{cb} = -9\text{ V}$$

计算表明,b 点电势比 c 点电势低 9 V. 可见,在一段含源电路中,电流方向并不一定是电势降落的方向.

例题 9(2013　浙江)　为了降低潜艇噪音,提高其前进速度,可用电磁推进器替代螺旋桨. 潜艇下方有左、右两组推进器,每组由 6 个相同的、用绝缘材料制成的直线通道推进器构成,其原理如图 5.24 所示. 在直线通道内充满电阻率 $\rho = 0.2\ \Omega \cdot \text{m}$ 的海水,通道中 $a \times b \times c = 0.3\text{ m} \times 0.4\text{ m} \times 0.3\text{ m}$ 的空间内,存在由超导线圈产生的匀强磁场,其磁感应强度 $B = 6.4$ T,方向垂直通道侧面向外. 磁场区域上、下方各有 $a \times b = 0.3\text{ m} \times 0.4\text{ m}$ 的金属板 M、N,当其与推进器专用直流电源相连后,在两板之间的海水中产生了从 N 到 M、大小恒为 $I = 1.0 \times 10^3$ A 的电流,设该电流只存在于磁场区域. 不计电源内阻及导线电阻,海水密度 $\rho_{海} \approx 1.0 \times 10^3\ \text{kg/m}^3$.

(1) 求一个直线通道推进器内磁场对通电海水的作用力大小,并判断其方向;

(2) 在不改变潜艇结构的前提下,简述潜艇如何转弯?如何"倒车"?

(3) 当游艇以恒定速度 $v_0=30$ m/s 前进时,海水在出口处相对于推进器的速度 $v=34$ m/s,思考专用直流电源所提供的电功率如何分配,求出相应功率的大小.

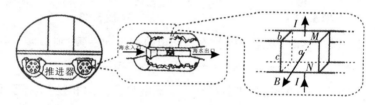

图 5.24

分析与解答 这是一道联系实际的综合题,需要我们综合运用电学知识(安培力公式、左手定则、电阻定律、焦耳定律等)和力学知识(功率的计算、动能的计算等)分析解决潜艇前进、转弯、"倒车"等实际问题,解决此题,不仅需要扎实的基础知识,还需要灵活的思维方法.

解题的基本思路如下:用安培力公式求安培力大小,用左手定则判断安培力方向. 思考专用直流电源所提供的电功率如何分配时,可考虑三部分,第一部分功率是牵引力功率,可由安培力及潜艇运动速度求出. 第二部分功率是海水的焦耳热功率,可由电阻定律、焦耳定律求出. 第三部分功率是单位时间内海水动能的增加,可由动能的计算式求出.

(1) 将通电海水看成导线,所受磁场力为
$$F=IBL$$

代入数据

5 分析与综合在解决中学物理问题中的应用

$$F = IBc = 1.0 \times 10^3 \times 6.4 \times 0.3 \text{ N} = 1.92 \times 10^3 \text{ N}$$

用左手定则判断磁场对海水作用力方向向右(或与海水出口方向相同).

(2) 考虑到潜艇下方有左、右 2 组推进器,可以开启或关闭不同个数的左、右两侧的直线通道推进器,实施转弯.

改变电流方向,或者磁场方向,可以改变海水所受磁场力的方向,根据牛顿第三定律,使潜艇"倒车".

(3) 电源提供的电功率中的第一部分:牵引力功率为

$$P_1 = F_牵 v_0$$

根据牛顿第三定律

$$F_牵 = 12IBL$$

当 $v_0 = 30$ m/s 时,代入数据得

$$P_1 = F_牵 v_0 = 12 \times 1.92 \times 10^3 \times 30 \text{ W} \approx 6.9 \times 10^5 \text{ W}$$

第二部分:海水的焦耳热功率

对单个直线通道推进器,根据电阻定律

$$R = \rho \frac{c}{ab} = 0.2 \times \frac{0.3}{0.3 \times 0.4} \ \Omega = 0.5 \ \Omega$$

由热功率公式

$$P = I^2 R$$

代入数据得

$$P_单 = 5.0 \times 10^5 \text{ W}$$

故

$$P_2 = 12 P_单 = 12 \times 5.0 \times 10^5 \text{ W} = 6.0 \times 10^6 \text{ W}$$

第三部分:单位时间内海水动能的增加值

设 Δt 时间喷出海水的质量为 m,则

$$P_3 = 12 \times \frac{\Delta E_k}{\Delta t}$$

考虑到海水的初动能为零,则

$$\Delta E_k = E_k = \frac{1}{2}mv_{水对地}^2$$

$$m = \rho_{海} bcv_{水对地} \Delta t$$

$$P_3 = 12 \frac{\Delta E_k}{\Delta t} = 12 \times \frac{1}{2}\rho_{海} bcv_{水对地}^3 = 4.6 \times 10^4 \text{ W}$$

例题 10(2013 新课标Ⅰ) 如图 5.25 所示,两个侧壁绝热、顶部和底部都导热的相同汽缸直立放置,气缸底部和顶部均有细管连通,顶部的细管带有阀门 K. 两气缸的容积均为 V_0,气缸中各有一个绝热活塞(质量不同,厚度可忽略). 开始时 K 关闭,两活塞下方和右

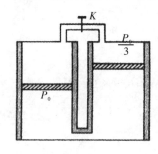

图 5.25

活塞上方充有气体(可视为理想气体),压强分别为 p_0 和 $\dfrac{p_0}{3}$;左活塞在气缸正中间,其上方为真空;右活塞上方气体体积为 $\dfrac{V_0}{4}$. 现使气缸底与一恒温热源接触,平衡后左活塞升至气缸顶部,且与顶部刚好没有接触;然后打开 K,经过一段时间,重新

达到平衡. 已知外界温度为 T_0,不计活塞与气缸壁间的摩擦,求:

① 恒温热源的温度 T;

② 重新达到平衡后左气缸中活塞上方气体的体积 V_x.

分析与解答 这是一道热学题,考查气体等压变化、等温变化的规律,关键是对气体的状态、状态变化做准确的分析. 从思维方法的角度看,我们采用先分析后综合的方法.

(1) 这道题的研究对象有两部分气体:两活塞下方的气体(简称下方气体)和右活塞上方气体(简称上方气体). 我们先分析它们的初始状态:下方气体的温度为 T_0,体积为 $\dfrac{1}{2}V_0 + \dfrac{3}{4}V_0 = \dfrac{5}{4}V_0$,压强

为 P_0；上方的气体温度为 T_0，体积为 $\frac{1}{4}V_0$，压强为 $\frac{P_0}{3}$. 再分析它们的下一状态：气缸底与一恒温热源接触，平衡后，活塞升至气缸顶部，且与气缸顶部刚好没有接触. 此时下方气体的温度为 T，体积为 $V_0 + \frac{3}{4}V_0 = \frac{7}{4}V_0$，压强继续保持 P_0 不变.

即下方气体经历了等压过程，由盖·吕萨克定律知

$$\frac{T}{T_0} = \frac{\frac{7V_0}{4}}{\frac{5V_0}{4}}$$

解得

$$T = \frac{7}{5}T_0$$

（2）这里，我们要注意两个细节：因为初始状态时左活塞上方是真空，右活塞上方是气体，而两边压强平衡，说明左边活塞的重量必大于右边活塞的重量，且 $P_0 = G_左/S$，其中 $G_左$ 为左边活塞的重量，S 为活塞面积.

打开 K 后，右活塞上方气体一定涌入左活塞上方（因为左活塞上方原为真空），造成左活塞下降，右活塞上升，而且一定升至顶部（只有升至顶部后，右活塞与气缸顶接触，获得气缸顶的压力，才可使两边活塞对下方气体的压强平衡）.

气缸顶部与外界接触，底部与恒温热源接触，两边气体各自经历等温过程，设最后左活塞上方气体压强为 p，对上方气体列玻意耳定律公式：

$$pV_x = \frac{p_0}{3} \cdot \frac{V_0}{4}$$

对下方气体列玻意耳定律公式：

$$(p+p_0)(2V_0-V_x)=p_0 \cdot \frac{7}{4}V_0$$

联立以上两式可得

$$6V_x^2 - V_0 V_x - V_0^2 = 0$$

解得

$$V_x = \frac{V_0}{2} (另一解 V_x = -\frac{1}{3}V_0,不合题意,舍去)$$

"整体法"

前面几个例子介绍的大多是"整体法"与"隔离法"的交叉应用,实际上主要是应用了"隔离法". 然而,在不少问题中,若采用系统(整体)的观点,用综合的方法去解,往往会收到事半功倍的效果.

例题1(2013 广东) 如图5.26,物体 P 静止于固定的斜面上,P 的上表面水平,现把物体 Q 轻轻地叠放在 P 上,则( ).

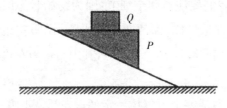

图 5.26

A. P 向下滑动

B. P 静止不动

C. P 所受的合外力增大

D. P 与斜面间的静摩擦力增大

分析与解答 解此类问题,用综合的思维方法,把 PQ 作为一个整体分析较为简洁. 物体 P 静止于斜面上,其重力沿斜面向下的分力小于其受到的最大静摩擦力. 放上物体 Q 后,PQ 作为一个整体而言,对斜面的压力和沿斜面向下的分力均同步增大,因而最大静摩擦力和沿斜面向下的分力同步增大,故其重力沿斜面向下的分力依然小于其受到的最大静摩擦力,继续保持静止.选项 A 错误,B 正确. P 所受的合外力不变,保持零,故选项 C 错误.放上 Q 以后,P 与斜面的静摩擦力大于放上 Q 以前 P 与斜面的静摩擦力,即 $f = (m_P + m_Q)g\sin\theta > m_P g\sin\theta$,选项 D 正确.

例题 2 在水平地面上有一块斜面体,两底角分别为 α、β($\alpha \neq \beta$),有两侧放有两块质量分别为 m_1、m_2($m_1 \neq m_2$)的木块,整个系统处于静止状态(图 5.27),则斜面体所受地面的摩擦力(　　).

A. 向左　　　　　　　　B. 向右
C. 等于零　　　　　　　D. 上述三种情况都有可能

分析与解答 把两木块看成固定在斜面体上的一个整体(图 5.28),则其仅受竖直方向的重力与地面支持力.所以地面对斜面体的摩擦力等于零.正确答案为 C.

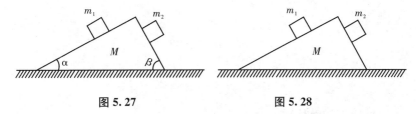

图 5.27　　　　　　　　图 5.28

例题 3 一个重力 G、截面积为 S 的薄壁玻璃管,用线悬挂起来开口向下倒立在水银槽中,管口刚浸入水银,量得进入管中水银柱高 h 厘米,已知大气压为 H 厘米汞柱($H > h$),则悬挂玻璃管的细线中张力多大(图 5.29)?已知水银密度 ρ.

分析与解答 取玻璃管和管中水银这一整体作为研究对象,竖直方向受绳中张力 T、管重力 G、管内水银重力 $\rho g h S$,作用在管顶向下和开口端水银面上向上的大气压力互相抵消,可不予考虑.由图 5.30(a),立即得

$$T = G + \rho g h S$$

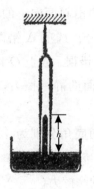

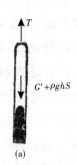

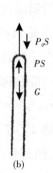

图 5.29　　　　　　　图 5.30

说明　如用隔离法把玻璃管隔离出来,其受力情况如图 5.30 (b)所示:绳中张力 T(向上)、管重力 G(向下)、管顶大气压力 $p_0 S$(向下)、管内气体对管顶压力 pS(向上). 平衡时

$$T + pS = G + p_0 S$$

其中

$$p = p_0 - \rho g h$$

所以

$$T = G + p_0 S - pS = G + \rho g h S$$

显然不如整体法方便.

例题 4　用轻质细线把两个质量未知的小球悬挂起来,如图 5.31 所示. 今对小球 a 持续地施加一个向左偏下 30°的恒力,并对小

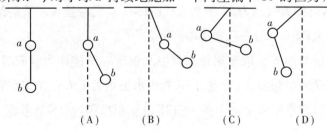

图 5.31

球 b 持续施加一个向右偏上 $30°$ 的同样大小的恒力,最后达到平衡. 表示平衡状态的图可能是哪一幅?

分析与解答 若采用"隔离法",对 a、b 分别进行受力分析并列平衡方程去解,则过程将十分冗繁. 若把 a、b 视为一个整体去考虑,则连接 a、b 两球的绳的拉力可不予考虑,系统所受外力如图 5.32 所示. 设上端绳与竖直方向夹角为 θ,因为系统处于平衡态,由水平方向平衡条件 $\sum F_x = 0$ 知,

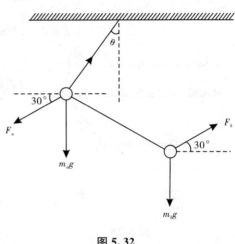

图 5.32

F_a、F_b 在水平方向的分量代数和恰为零,而重力 $m_a g$ 和 $m_b g$ 又没有水平分量,故上端绳拉力的水平分量也应为零,即 $\theta = 0°$,因此,只能选答案 A.

例题 5 三根长度均为 l 的轻杆,用质量 m' 的铰链铰接于 C、D,再用铰链接于水平顶板上 A、B 两处,$AB = 2l$. 当在铰链 C 上再挂上质量为 m 的重物后,要使 CD 杆水平,施加在 D 点的最小力为多少(见图 5.33)?

分析与解答 沿 AC、BD 两杆延长相交于 O,则 $\triangle AOB$ 为等边三角形,$CO = DO = l$. 如图 5.34 所示. 由于 AC、BD 均为轻杆,只有两端受力(称二力杆件),A、B 两铰链中的力必定沿着杆件. 取整个 AOB 框架为研究对象,所受外力对 O 点的力矩之和应为零. 要使 CD 水平时施于 D 点的力最小,应使其力臂最大,故此力应垂直 BO. 由于 C、D 两铰链重力 $m'g$ 对 O 点力矩互相抵消,所以 D 点的最小力 $F_{\min}$ 只需由下式求得

$$mgl\sin 30° = F_{\min}l$$

立即得

$$F_{\min} = \frac{1}{2}mg$$

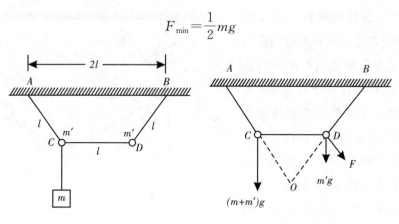

图 5.33　　　　　　　　图 5.34

说明　本题如用分析法,改以 C、D 为研究对象,由共点力平衡条件,再考虑极小条件就比较麻烦. 读者可自行比较.

例题 6　有 n 个大小、质量均相等的弹性小球 $A_1, A_2, A_3, \cdots$, A_n,排列在一直线上(如图 5.35). 设它们的速度分别为 $v_1, v_2, \cdots$, v_n. 且 $v_1 > v_2 > v_3 > \cdots > v_n$. 若各小球间的碰撞均为完全弹性的. 问碰撞的最终状态时,各球的速度分别为多大?

图 5.35

分析与解答　质量相等的球发生弹性正碰,根据动量守恒和动能守恒,有

$$mv_1 + mv_2 = mv_1' + mv_2'$$

$$\frac{1}{2}mv_1^2 + \frac{1}{2}mv_2^2 = \frac{1}{2}mv_1'^2 + \frac{1}{2}mv_2'^2$$

可得 $v_1'=v_2, v_2'=v_1$,即两球互换速度.

如果采用分析的方法,把各小球之间的相互作用依次加以研究,如 A_1、A_2 互相交换速度,A_1、A_2 再互换速度……这样依次分析下去的过程将是十分冗繁的.倘若采用综合的方法,将 n 个球作为一个整体研究,则将十分简便.

因为各球间碰撞仅仅是互换速度,因此,最终状态中各球的速度 v_i' 只能取 v_i 中的某一个值.且在稳定的最后状态中,沿着速度方向,前面球的速度必须大于后面球的速度(否则,将要继续发生碰撞而不能称其为最终状态).因此,必须有

$$v_1'<v_2'<v_3'<\cdots<v_n'$$

所以,$v_n'=v_1, v_{n-1}'=v_2, \cdots, v_1'=v_n$,即小球速度大小的顺序与最初状态相反.

例题 7 两个质量分别为 m_1、m_2,带电量分别为 q_1、q_2 的带同种电荷的小球,用两根长为 l 的丝线悬挂于同一点 O,因相斥使两线偏离竖直方向的角度分别为 α、β(图 5.36),则两偏角 α、β 的大小关系与它们的质量及电量多少有什么关系?

分析与解答 把两球与线作为一个整体,考虑对 O 点的力矩平衡.由于两球间静电斥力等值反向,对 O 点力矩互相抵消,只需考虑重力矩.由

$$m_1 gl\sin\alpha = m_2 gl\sin\beta$$

得

$$\frac{\sin\alpha}{\sin\beta}=\frac{m_2}{m_1}$$

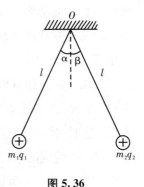

图 5.36

可见,质量大的球,平衡时其悬线与竖直方向夹角较小,与它们带电量的多少无关.

例题 8 如图 5.37 所示,AC、BD 为平行光滑弧形导轨,CE、

DF 为平行光滑水平导轨. 在水平导轨部分有竖直向上的匀强磁场. 两根质量均为 m 的导体棒 ab、cd, ab 棒电阻为 $2R$, cd 棒电阻为 R, 导轨电阻不计. 设 ab 棒起初静止于离水平轨高度为 h 处, cd 棒静止于离弧形导轨最低端 CD 足够远处, 平行导轨极长. 求 ab 棒从 h 高由静止下滑后整个运动过程中 ab 棒产生的热量.

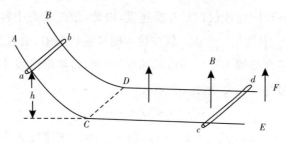

图 5.37

分析与解答 由 h 高处下滑到水平轨道上时, ab 棒的速度为 $v_0 = \sqrt{2gh}$. 此后, ab 棒进入磁场区, 由于切割磁感线而产生感应电动势, 并在回路 $b \to a \to c \to d \to b$ 中形成感应电流. 使 cd 段受安培力而加速, ba 段受安培力而减速. cd 段运动起来后, 同样会因切割磁感线产生感应电动势 ε_{cd}, 这样, 回路中总的感应电动势 ($\varepsilon_{ab} - \varepsilon_{cd}$) 随着两棒的速度变化逐渐减小, 安培力也逐渐减小. 直至 cd 棒、ab 棒速度相等时, 安培力消失, 两棒以相同速度做稳定的匀速运动.

如果我们采用分析的方法, 即"隔离" ab, 以 ab 棒为对象, 根据公式 $Q = I^2 Rt$ 去求导体产生的热量是极其困难的, 因为 I 是变量, t 也未知. 这时, 我们应该用综合的方法, 考察 ab、cd 组成的系统.

ab、cd 组成的系统在水平轨道上运动的过程中, 总动量守恒 (在水平方向上 ab、cd 系统不受外力的作用). 设两导体最终的共同速度为 v', 则

$$mv_0 = 2mv'$$
$$v' = v_0/2 = \sqrt{2gh}/2$$

对 ab、cd 组成的系统而言,运动过程中有一部分机械能转化为电能最终转化为热能. 因此,产生的总热量为

$$Q = \frac{1}{2}mv_0^2 - \frac{1}{2}(2m)v'^2 = \frac{1}{2}mgh$$

这个热量对 ab 棒、cd 棒按 2∶1 比例分配(两棒产生的热量与其电阻值成正比),所以 ab 棒产生的热量为 $\frac{1}{3}mgh$.

质点组动力学方程

前面说过,当连接体中各物体具有不同加速度时,一般不能用综合的方法. 为了也能从整体上去考虑,就需要找出作用在整体上的外力与各部分加速度之间的关系. 下面,我们向读者介绍一下质点组的动力学方程.

如图 5.38,设有 n 个质点组成一个系统——质点组(为方便计,暂取 $n=3$). 质点 m_1、m_2、m_3 受到系统以外的物体的作用力称为外力,归结为 F_1、F_2、F_3. 三个质点的相互作用力分别为 f_{21}、f_{31}、f_{12}、f_{32}、f_{13}、f_{23}.

分别对 m_1、m_2、m_3 列牛顿第二定律方程,可得如下公式:

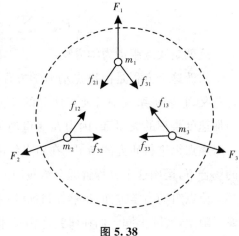

图 5.38

$$F_1 + f_{21} + f_{31} = m_1 \boldsymbol{a}_1$$
$$F_2 + f_{12} + f_{32} = m_2 \boldsymbol{a}_2$$
$$F_3 + f_{13} + f_{23} = m_3 \boldsymbol{a}_3$$

将三式相加,考虑到 $f_{12} = -f_{21}$,$f_{13} = -f_{31}$,$f_{23} = -f_{32}$,可得

$$F_1+F_2+F_3=m_1a_1+m_2a_2+m_3a_3$$

其中 a_1、a_2、a_3 分别是三个质点的加速度.

对 n 个质点组成的系统,可得

$$F_1+F_2+F_3+\cdots+F_n=m_1a_1+m_2a_2+m_3a_3+\cdots+m_na_n$$

也可写成分量表达式:

$$\begin{cases}F_{1x}+F_{2x}+\cdots+F_{nx}=m_1a_{1x}+m_2a_{2x}+\cdots+m_na_{nx}\\ F_{1y}+F_{2y}+\cdots+F_{ny}=m_1a_{1y}+m_2a_{2y}+\cdots+m_na_{ny}\end{cases}$$

上述几式也可简写为

$$\sum_{i=1}^{n}F_i=\sum_{i=1}^{n}m_ia_i$$

其分量表达式(标量式)为

$$\sum_{i=1}^{n}F_{ix}=\sum_{i=1}^{n}m_ia_{ix}$$

$$\sum_{i=1}^{n}F_{iy}=\sum_{i=1}^{n}m_ia_{iy}$$

这就是质点组动力学方程.

虽然这个方程是由质点动力学方程推得的,但它已具有新的物理意义,它表示系统中各质点所受的外力的矢量和等于各质点质量与加速度乘积的矢量和,内力在这里消失了. 这是用综合的思维方法对质点组进行研究的结果. 在质点组内力十分复杂而又无需求出的场合下,运用这个方程解题会给我们带来便利.

质点组动力学方面,虽然在目前教材中并未直接提出,表面上好像很陌生,实际上同学们在研究许多具体问题中经常在应用. 下面,举几个例子说明质点组动力学方程的应用.

例题 1 如图 5.39,质量为 M、倾角为 θ 的斜面体静置于水平地面上. 质量为 m 的物体沿斜面下滑,在下述几种情况下. 求地面对斜面体的静摩擦力 f 和支持力 N 的大小和方向.

(1) m 沿斜面匀速下滑;

(2) m 沿斜面以加速度 a 匀加速下滑;

(3) m 沿斜面以加速度 a 匀减速下滑.

分析与解答 我们采

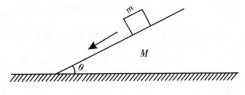

图 5.39

用综合的方法,用质点组动力学方程解题. 把 m、M 看作一个系统, 在 x 方向上(水平方向上),系统只可能受一个外力作用——地面对斜面体的静摩擦力. 而在 y 方向上,即竖直方向上则受两个外力的作用:向下的总重力 $(M+m)g$ 和向上的支持力 N.

在(1)小题中,m、M 均无加速度,根据方程 $\sum F_x = \sum ma_x = 0$,得到地面的摩擦力为零. 根据竖直方向的分量方程

$$\sum F_y = 0$$

即

$$N-(M+m)g=0$$

得

$$N=(M+m)g$$

即地面对斜向体支持力为 $(M+m)g$.

在(2)小题中,m 有沿斜面向下的加速度,由 $\sum F_x = \sum ma_x$ 得

$$f = ma\cos\theta \text{(方向水平向左)}$$

由

$$\sum F_y = \sum ma_y$$

得

$$(M+m)g - N = ma\sin\theta$$

所以

$$N = (M+m)g - ma\sin\theta$$

在(3)小题中,m 有沿斜面向上的加速度 a,由

$$\sum F_x = \sum ma_x$$

得

$$f = -ma\cos\theta \text{（摩擦力 } f \text{ 的方向水平向右）}$$

由

$$\sum F_y = \sum ma_y$$

得

$$N - (M+m)g = ma\sin\theta$$

即

$$N = (M+m)g + ma\sin\theta$$

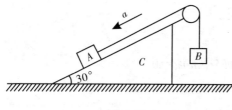

图 5.40

例题 2 如图 5.40,斜面体倾角为 $30°$,物体 A 质量为 $m_A = 14$ kg,B 的质量为 $m_B = 2$ kg,C 的质量为 $m_C = 34$ kg. A、B 以细绳相连,并跨过斜面体 C 顶端的定滑轮. 当 A 以 2.0 m/s^2 的加速度匀加速下滑时,C 保持静止状态. 不计绳及滑轮的摩擦,不计滑轮质量. 试求斜面体 C 所受的地面支持力 N 及摩擦力 f. (g 取 10 m/s^2.)

分析与解答 此题若采用分析的方法,即用"隔离法"分别对 A、B、C 进行受力分析,列牛顿第二定律方程,求出绳之拉力和 A、C 之间的摩擦力,再以 C 为对象,求出地面对 C 的摩擦力 f 和支持力 N,这个过程将是十分复杂的(请读者自行解之).

若采用综合法,把 A、B、C 视为一个系统,列出质点组动力学方程的分量表达式

$$\sum F_x = \sum ma_x, \quad \sum F_y = \sum ma_y$$

代入已知条件，得

$$f = m_A a \cos 30°$$
$$N - (m_A + m_B + m_C)g = m_B a - m_A a \sin 30°$$

可解得

$$f = 24.2 \text{ N}, \quad N = 490 \text{ N}$$

例题 3 站对磅秤上的人突然蹲一下，磅秤示数应如何变化？

分析与解答 把人当作由许多质点组成的系统，该质点组受到的外力有二：重力 mg 及磅秤支持力 N。人下蹲的过程中，各质点的运动力大致可分为三个阶段：① 加速下降；② 匀速下降；③ 减速下降。要研究组成人体的各个质点的运动情况几乎是不可能的。但应用质点组动力学方程去分析，可认为第一阶段人受的合外力方向向下，即 $N < mg$，第二阶段合外力为零，即 $N = mg$，第三阶段，合外力方向向上，即 $N > mg$。根据牛顿第三定律知，磅秤读数经历了小于重力、等于重力、大于重力的变化。

例题 4 质量为 M 的铁块与质量为 m 的木块用线系住放入水中（如图 5.41），系统向下做加速度为 a 的运动。当系统速度达到 v 时绳断裂，此后，铁块加速，木块减速。经时间 t 后，木块速度为零，问铁块的即时速度为多大？（不计水的阻力。）

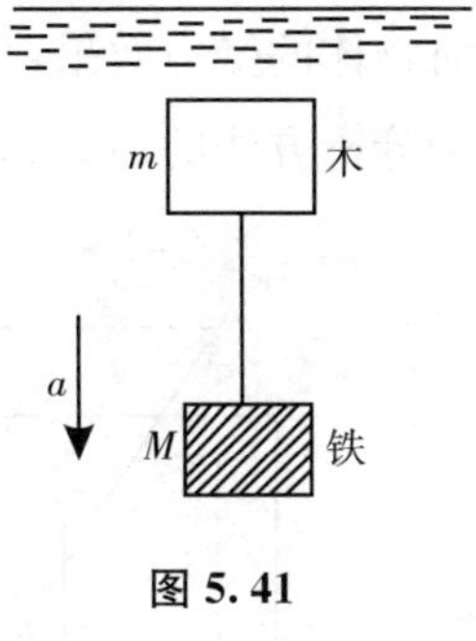

图 5.41

分析与解答 质点组动力学方程 $\sum \boldsymbol{F}_i = \sum m_i \boldsymbol{a}_i$，等式两边同时乘时间 Δt，则得

$$\sum \boldsymbol{F}_i \cdot \Delta t = \sum m_i \boldsymbol{a}_i \cdot \Delta t$$

由

$$\boldsymbol{a}_i \cdot \Delta t = \Delta \boldsymbol{v}_i$$

得

$$\sum F_i \cdot \Delta t = \sum m_i \Delta v_i$$

这就是质点组动量定理,即合外力的冲量等于各质点动量变化的矢量和,或者说,合外力的冲量等于质点组总动量的变化.

对本题中由木块、铁块组成的质点组而言,所受外力是重力和浮力,且 $F_{合外}=(M+m)a$. 线断后,质点组所受合外力不变,设时间 t 后,铁块速度为 v_x,则由质点组动量定理,有

$$F_{合外} \cdot t = (Mv_x + 0) - (M+m)v$$

即

$$(M+m)at = Mv_x - (M+m)v$$

所以

$$v_x = \frac{(M+m)(at+v)}{M}$$

全反力

如果我们把研究对象的分析与综合的意义放得宽泛一点. 譬如对物体的受力效果,从物体客观所受各个力的作用上考虑看作是一种分析方法的话,那么从某些力的合力作用上考虑就是一种综合思维方法了,在研究摩擦问题中,把支持面的支持力和摩擦力综合(合成)为一个力引入"全反力"的概念,是一种极为有用的方法,常会给解题带来极大的方便.

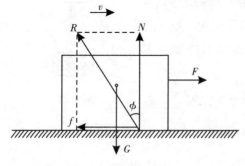

图 5.42

如图 5.42,在水平力 F 的作用下,木箱沿粗糙水平地面运动. 这时木箱受四个力的作用:重力 G、拉力 F、支持力 N、滑

动摩擦力 f. 这种情况下,由于木箱地面施加了力的作用,因而要受到地面的反作用. 地面对木箱的反作用表现为法向的支持力 N 和切向的摩擦力 f. 现在,我们把力 N、f 合成为一个力 R,因为 R 代表了地面对木箱的全部反作用,因此可以把 R 简称为"全反力",从思维方法的角度看,也是一种综合的方法.

下面,我们考察一下,在出现滑动摩擦和静摩擦的情况下,全反力 R 有什么特点.

当木箱滑动时,设全反力 R 与接触面法线之间的夹角为 ϕ,由
$$f = \mu N$$
可得
$$\tan\phi = f/N = \mu$$

这就是说,在滑动摩擦的情况下,全反力和接触面法线之间的夹角的正切等于滑动摩擦因数,有时我们称 $\phi = \tan^{-1}\mu$ 为"摩擦角".

下面再考察一下在静摩擦的情况下,全反力 R 有什么特点.

当木箱在水平外力 F 作用下静止不动时,将 N、f 合成为全反力 R,设 R 与接触面法线之间的夹角为 θ (图 5.43),则 $\tan\theta = f/N$.

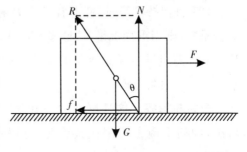

图 5.43

拉力 F 增大,静摩擦力 f 也随之增大,这时 θ 也增大. 当 F 增大到某值时,静摩擦力也增大到最大值 f_m,这时 θ 角也达到了最大值 ϕ_0,且 $\tan\phi_0 = f_m/N = \mu_0 N/N = \mu_0$($\mu_0$ 为静摩擦系数),ϕ_0 为静摩擦角. 有时,我们可近似地认为静摩擦因数和动摩擦因数相等,即 $\mu_0 = \mu$,那么 $\phi_0 = \phi$,即两种摩擦角可认为相等.

这样,在引入全反力概念后,我们就得到两个很重要的几何特

征:① 在滑动摩擦的情况下,全反力 R 与接触面法线之间的夹角总是等于摩擦角;② 在静摩擦的情况下,全反力与接触面法线之间的夹角总是小于或等于摩擦角.

上述几何特征,给我们研究摩擦问题,特别是静摩擦问题带来了很大的方便.

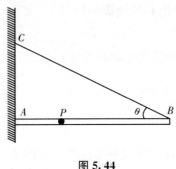

图 5.44

例题 1 有一长为 l、重为 W_0 的均匀杆 AB,A 端顶在竖直的粗糙墙壁上,杆端与墙壁间的静摩擦系数为 μ;B 端用一强度足够而不可伸长的绳悬挂,绳的另一端固定在墙上的 C 点,木杆呈水平状态,绳与杆的夹角为 θ(见图 5.44).

(1) 求杆能保持平衡时,μ 与 θ 应满足的条件;

(2) 杆保持平衡时,杆上有一点 P 存在,若在 A 与 P 间任一点悬挂重物,则当重物重量 W 足够大时,总可以使平衡破坏;而在 B 与 P 之间任意点悬挂任意重量的重物,都不能使平衡破坏. 求出这一点 P 与 A 点的距离.

分析与解答 这是早期的一道竞赛题,有一定难度. 若用常规解法,即列平衡方程用代数法解,过程将是十分复杂的(请读者自行解之).

若引入全反力概念去解,则十分简捷.

(1) 如图 5.45,在未挂重物时,杆受三力作用:重力 W_0、绳拉力 T、A 点的全反力 R. 这三个力必须共点,否则不能平衡. 从几何条件可以推出,这时全反力与接触面法线间夹角 α 等于 θ,因此,θ 必须小于或等于摩擦角,即 $\theta \leqslant \tan^{-1}\mu$.

(2) 如图 5.46 所示,设杆保持平衡,此时 $\theta \leqslant \tan^{-1}\mu$. 过 A 点作

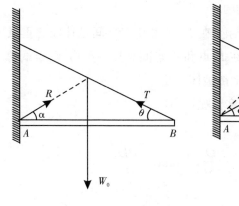

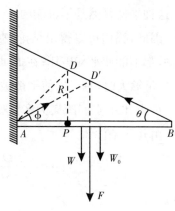

图 5.45　　　　图 5.46

上 $\angle DAB$,使 $\angle DAB$ 等于摩擦角 $\tan^{-1}\mu$. 过 D 点作杆 AB 的垂线 OP,现在我们来讨论 P 点的物理意义.

若在 PB 之间挂一重物 W,根据同向平行力的合成原理,W 与 W_0 的合力 F 的作用线一定介于 W 与 W_0 之间. 当 W 无限增大时,F 的作用线会无限地接近 W 的作用线,即使 F 的作用线与 W 的作用线相重合,杆的平衡也是能保持的. 因为,令 F 的作用线与绳的交点为 D' 点,欲平衡,全反力 R 的作用线必经过 D' 点. 此时,全反力与接触面法线间的夹角小于摩擦角,这种平衡是可能维持的(见图 5.46).

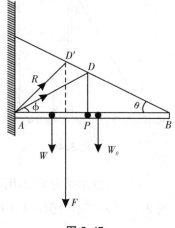

如图 5.47,在 PA 之间加一重物 W,只要 W 足够大,总可以使 W 和 W_0 的合力 F 的作用线偏在 P 点的左方.

图 5.47

F 的作用线交绳于 D',此种情况下,杆欲平衡,必须要求全反力的作用线通过 D' 点,但这时全反力 R 与接触面法线间的夹角大于摩擦角,这种平衡显然是不可能的.

因此,我们可以得出结论:在 P 点和 B 点之间悬挂任意重量的重物,都不能使平衡破坏;在 P 点和 A 点间悬挂一重物,则当重物重量 W 足够大时,总可以使平衡破坏.

P 点和 A 点间距离为多大呢?

由几何条件知

$$\tan\theta = \frac{PD}{l-d}, \quad \tan\phi = \frac{PD}{d}$$

所以

$$\frac{l-d}{d} = \frac{\tan\phi}{\tan\theta} = \frac{\mu}{\tan\theta}$$

即

$$d = \frac{1}{1+\mu\cot\theta}$$

这种解法避免了冗繁的数字运算,十分简捷和直观.

例题 2 一质量为 $m = 50$ kg 的杆,竖立在水平地面上(如图 5.48),杆与地面间静摩擦因数为 $\mu = 0.3$,杆的上端被固定在地面上的绳索系住,绳与杆的夹角 $\theta = 30°$.

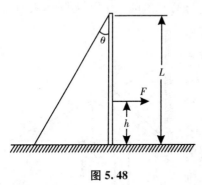

图 5.48

(1) 若以水平力 F 作用于杆上,作用点到地面的距离 h 为杆长的 2/5,要使杆不滑倒,则力 F 最大不能超过多少?

(2) 若将作用点移到 $h = \frac{4}{5}L$ 处时,情况又如何?

分析与解答 (1) 如图 5.49,木杆受四力作用而平衡:重力 G、水平拉力 F、绳拉力 T、地面全反力 R,当 F 大到杆即将滑动时,全反

力与竖直方向夹角应为摩擦角 ϕ. 由几何关系得

$$\tan\theta = \frac{x}{l-y}, \quad \tan\phi = \frac{x}{y}$$

且

$$\tan\theta = \sqrt{3}/3, \quad \tan\phi = 0.3$$

得

$$x = \frac{\tan\theta \tan\phi}{\tan\theta + \tan\phi} l = 0.197l$$

$$y = \frac{\tan\theta}{\tan\theta + \tan\phi} l = 0.658l$$

此时虽是临界态,但平衡仍维持. 选全反力 R 的作用线与绳的交点 O 为转轴,各力的力矩代数和应为零. 所以

$$Gx = F(y-h) = F\left(y - \frac{2}{5}L\right)$$

将 x、y 之值代入,可得 $F = 375$ N. 即欲使杆不滑倒,力 F 最大不得超过 375 N.

(2) 由 $Gx = F(y-h)$,可以得出

$$F = G\frac{x}{y-h}$$

当 $y = h$ 时,$F \to \infty$,即力 F 无论多大,也不可能使杆滑倒. 现在 $h = 0.8L, h > y$,更不可能得出使杆滑倒的水平拉力 F 之值. 也就是无论力 F 如何增大,杆也不可能滑倒,这种现象称为"自锁现象". 如图 5.50 所示,实际上这时全反力 R 的作用线应交绳于 O' 点,而 O' 在 O 之上. 全反力 R 与接触面法线间夹角小于摩擦角 ϕ,平衡是可以维持的.

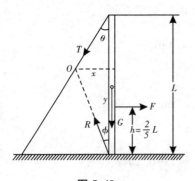

图 5.49

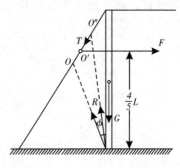

图 5.50

例题 3 一斜面体倾角为 θ，在其斜面上放一质量为 m 的物体，物体与斜面间静摩擦因数为 μ，要使物体与斜面保持相对静止，求斜面体在水平面上加速运动时，加速度 a 的取值范围.

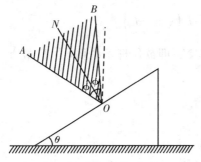

图 5.51

分析与解答 如图 5.51 所示，设斜面体向左方运动，加速度为 a. 过 O 点作斜面的法线 ON，再在 ON 两侧作出 $\angle AON$ 和 $\angle BON$，使得 $\angle AON = \angle BON = \phi = \tan^{-1}\mu$. 根据前面的讨论可知，物体 m 受到的斜面的全反力 R 的作用线限于 $\angle AOB$ 范围之内.

在运动中，我们可以认为物体受两个力的作用：重力 mg 和全反力 R，其合力为 ma，方向水平向左. 当加速度 a 达到最大值 a_{max} 时，相应地全反力也达到了临界状态——与法线 ON 的夹角达到 ϕ，与 OA 重合（如图 5.52），从几何关系很容易得出

$$\frac{ma_{max}}{mg} = \tan\alpha = \tan(\phi + \theta)$$

所以

$$a_{max} = g\tan(\phi + \theta)$$

当加速度 a 达到最小值 $a_{\min}$ 时,相应的全反力也达到了一临界状态——与法线 ON 夹角达到 ϕ_m,与 OB 重合(如图 5.53).从几何关系很容易得出

$$\frac{ma_{\min}}{mg}=\tan\alpha=\tan(\theta-\phi)$$

所以

$$a_{\min}=g\tan(\theta-\phi)$$

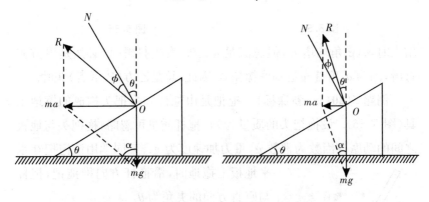

图 5.52　　　　　　　　　图 5.53

综合上述情况,可以得出加速度的取值范围是

$$g\tan(\theta-\phi)\leqslant a\leqslant g\tan(\theta+\phi)$$

即

$$g\tan(\theta-\arctan\mu)\leqslant a\leqslant g\tan(\theta+\arctan\mu)$$

例题 4　如图 5.54,有一块均匀的木条,甲、乙两人用手各托一端分别向两边拉(两人手的粗糙程度相同),为什么总是位置低的一方获胜?

分析与解答　可以这样分析,如图 5.55,木条受三力作用而平衡:重力 G、右端手对木条的全反力 R_1、左端手对木条的全反力 R_2.木条欲平衡,这三力必共点.比较 $\triangle AOC$ 和 $\triangle BOC$,由余弦定理知 $AC>BC$,在 $\triangle ACB$ 中,由正弦定理知 $\theta_2>\theta_1$,则 $\alpha>\beta$.当双方用力

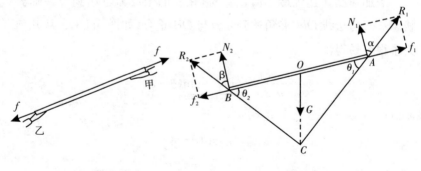

图 5.54　　　　　　　　　图 5.55

增大时,α、β 角均增大,但总满足 $\alpha > \beta$. 发生打滑时,必然是甲方先打滑,因为 α 角首先达到摩擦角 ϕ,因此,总是乙方(较低者)获胜.

例题 5(2012　新课标)　拖把是由拖杆和拖把头构成的擦地工具(图 5.56). 设拖把头的质量为 m,拖杆质量可忽略;拖把头与地板之间的动摩擦因数为常数 μ,重力加速度为 g. 某同学用该拖把在水平地板上拖地时,沿拖杆方向推拖把,拖杆与竖直方向的夹角为 θ.

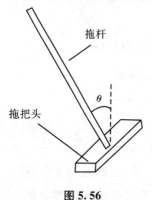

图 5.56

(1) 若拖把头在地板上匀速移动,求推拖把的力的大小.

(2) 设能使该拖把在地板上从静止刚好开始运动的水平推力与此时地板对拖把的正压力的比值为 λ. 已知存在一临界角 θ_0,若 $\theta \leqslant \theta_0$,则不管沿拖杆方向的推力多大,都不可能使拖把从静止开始运动. 求这一临界角的正切 $\tan\theta_0$.

分析与解答　这是一道力学难题,考查物体的平衡条件以及静摩擦的临界问题. 原题的标准解法如下:

(1) 设该同学沿拖杆方向用大小为 F 的力推拖把. 将推拖把的力沿竖直和水平方向分解,由平衡条件有

5 分析与综合在解决中学物理问题中的应用

$$F\cos\theta + mg = N \qquad ①$$

$$F\sin\theta = f \qquad ②$$

式中 N 和 f 分别为地板对拖把的正压力和摩擦力. 根据摩擦力公式有

$$f = \mu N \qquad ③$$

联立①、②、③式得

$$F = \frac{\mu}{\sin\theta - \mu\cos\theta} mg \qquad ④$$

(2) 若不管沿拖杆方向用多大的力都不能使拖把从静止开始运动,应有

$$F\sin\theta \leqslant \lambda N \qquad ⑤$$

恒成立.

联立①、⑤式得

$$\sin\theta - \lambda\cos\theta \leqslant \lambda\frac{mg}{F}$$

现考查使上式恒成立的 θ 角的取值范围. 要注意到上式右边总是大于零. 且当 F 无限大极限为零,有

$$\sin\theta - \lambda\cos\theta \leqslant 0$$

使上式成立的 θ 角满足 $\theta \leqslant \theta_0$,这里 θ_0 是题中所定义的临界角,即当 $\theta \leqslant \theta_0$ 时,不管沿拖杆方向用多大的力都推不动拖把. 临界角的正切为 $\tan\theta_0 = \lambda$.

现在我们用综合的思维方法,把摩擦力和地面支持力合成为一个全反力 R,其方向与地面法线的方向夹角为 ϕ,如前面"全反力"一节所述,在滑动摩擦力的情况下,全反力 R 的方向与地面法线的方向夹角为摩擦角 ϕ,且 $\tan\phi = \mu$. 现在我们重新用"全反力"的概念解题:

(1) 如图 5.57,拖把受四力作用:重力 mg 地面支持力 N、摩擦

力 f、推力 F. 我们将地面支持力 N、摩擦力 f 合成为一个全反力 R,则物体只受三力作用:重力 mg、推力 F、全反力 R. 在匀速运动的条件下,三力合力为零,则三力矢量构成一个封闭三角形(如图 5.57),由正弦定理知

$$\frac{mg}{\sin(\theta-\phi)}=\frac{F}{\sin\phi}$$

$$F=mg\frac{\sin\phi}{\sin(\theta-\phi)}=\frac{\mu mg}{\sin\theta-\mu\cos\theta}$$

式中 $\mu=\tan\phi$.

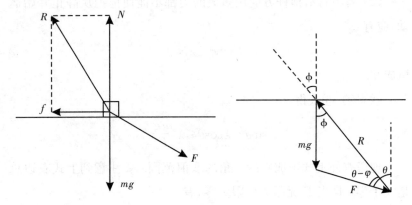

图 5.57

(2) 由题意,能使该拖把在地板上从静止刚好开始运动的水平推力对拖把的正压力的比值为 λ,也就是最大静摩擦力与正压力的比值,即静摩擦因数为 λ. 我们考虑拖把刚启动的一瞬,拖把受四力作用:重力 mg、地面支持力 N、最大静摩擦力 f、推力 F. 我们将地面支持力 N、最大静摩擦力 f 合成为一个全反力 R,则物体只受三力作用. 为简化计,设启动时加速度为零,则这三个力也构成一个封闭三角形,对应不同的用力方向(拖杆方向),可构成不同的力封闭三角形(如图 5.58),在这些不同的力封闭三角形中可看出,全反力的大小可变(因为对应不同的正压力有不同的最大静摩擦力),但其方向不

变(因为最大静摩擦力与正压力之比不变,即全反力与地面法线的夹角——摩擦角 ϕ 不变).从图 5.58 中可以很形象地看出:用力方向与地面法线方向夹角 θ 越接近 ϕ,用力 F 越大;当用力方向与地面法线方向夹角 θ 等于 ϕ 时,F 已是无穷大,则这时不可能使拖把开始运动;若 $\theta < \phi$,则更不可能使拖把开始运动,这在技术上叫做"自锁现象".因此临界角 θ_0 就是摩擦角 ϕ,当然,临界角 θ_0 的正切 $\tan\theta_0$ 就是 λ.

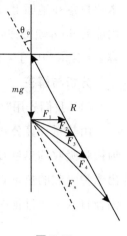

图 5.58

5.3 解物理题的两种不同推理方法——"分析法"与"综合法"

中学物理的解题方法,按照推理顺序,一般可分为"分析法"和"综合法"两类.

"分析法"是从待求量推向已知量的思维方法.即从题目的待求量出发,考虑欲求出此待求量,需要哪些物理量,若这些所需的物理量题目都具备,则可运用相应的物理公式解出此题;若这些所需的物理量题目不完全具备,还有新的物理量待求,则再对新的待求物理量进行分析,直至所需的物理量全部已知为止.

"综合法"则与此相反,是从已知量推向待求量的思维方法.即从题目的已知量出发,不断地展开思考——从这些已知量可求出哪些物理量,再从这些物理量还可求出哪些物理量,直至求出题目所需的待求量为止.

下举一例说明:

例题 在高 $h = 0.8$ m 的光滑桌面上放着一个质量为 $M = 2$ kg 的木块,一个质量 $m = 10$ g 的铅弹从水平方向射中木块(未穿出),把木块打落在地面上,落地点与桌边的水平距离 $s=0.4$ m,设增加的内能有 60% 使铅弹温度升高,铅弹的温度升高多少摄氏度(铅的比热容 $c=1.3\times 10^2$ J/(kg·℃),取 $g=10$ m/s^2)?

分析与解答

(1) 我们先用"分析法"去思考

由热量计算公式 $Q=cm\Delta t$ 知:欲求出铅弹升高的温度 Δt,应知道铅弹吸收的热量 Q、比热容 c、质量 m,其中 c、m 已知,因此应先求出铅弹吸收的热量 Q。由题意知,欲求出铅弹吸收的热量 Q,应求出铅弹打入木块过程中系统增加的内能 ΔE。由能量守恒定律知

$$\Delta E = \frac{1}{2}mv_1^2 - \frac{1}{2}(M+m)v_2^2$$

其中 v_1 为铅弹初速,v_2 为铅弹打入木块后两者共同的速度。式中 M、m 皆为已知,因此,下面的任务是求出 v_1 和 v_2,而 v_2 可由平抛运动规律求出

$$h = \frac{1}{2}gt^2, \quad s = v_2 t$$

得

$$v_2 = \frac{s}{\sqrt{2h/g}}$$

求出 v_2 后,v_1 则可从铅弹打木块过程中动量守恒求出

$$mv_1 = (M+m)v_2$$

$$v_1 = \frac{(M+m)v_2}{m}$$

至此,本题所需的物理量全部已知,分析过程结束。但我们具体的解题过程则应与分析过程顺序相反。

由平抛运动规律

$$h = \frac{1}{2}gt^2, \quad s = v_2 t$$

5 分析与综合在解决中学物理问题中的应用

可得

$$v_2 = \frac{s}{\sqrt{\frac{2h}{g}}} = 1 \text{ m/s}$$

由动量守恒

$$mv_1 = (M+m)v_2$$

可得

$$v_1 = \frac{(M+m)v_2}{m} = 200 \text{ m/s}$$

系统产生的内能为

$$\Delta E = \frac{1}{2}mv_1^2 - \frac{1}{2}(M+m)v_2^2 = 199 \text{ J}$$

铅弹吸收的热量为

$$Q = 0.6\Delta E = 119 \text{ J}$$

铅弹升高的温度为

$$\Delta t = \frac{Q}{cm} = 92 \text{ ℃}$$

(2) 我们再用"综合法"去思考

因为平抛运动的高度 h 和水平位移 s 已知,则根据平抛运动规律可求出铅弹打入木块后的共同速度 v_2,即

$$v_2 = \frac{s}{\sqrt{2h/g}} = 1 \text{ m/s}$$

再由动量守恒求出铅弹的初速度 v_1:

$$v_1 = \frac{(M+m)v_2}{m} = 200 \text{ m/s}$$

由能量守恒可求出系统产生的内能:

$$\Delta E = \frac{1}{2}mv_1^2 - \frac{1}{2}(M+m)v_2^2 = 199 \text{ J}$$

再求出铅弹吸收的热量

$$Q = 0.6\Delta E = 119 \text{ J}$$

再由热量公式求出铅弹升高的温度

$$\Delta t = \frac{Q}{cm} = 92 \text{ ℃}$$

当然,这只是物理解题的两种一般方法. 实际上物理问题内容丰富多彩,形式千变万化,我们在解题时也不能死板地拘泥于这两种方法,而应该因题而异,方法灵活多变.

5.4 "微元分析法"

本书前面曾介绍过一种重要的分析方法——"微元法". 这种方法是把研究对象分解为许许多多微小的单元(长度元、面积元、体积元、质量元等),或把研究过程分解为许许多多微小的过程(时间元),然后抽取一个微小部分加以研究. 采用这种方法,往往可以化曲线段为直线段、化变量为常量,给解决问题带来很大方便. 从数学上看,"微元法"就是微分的思想方法. 下面举例说明这种方法在解题中的作用.①

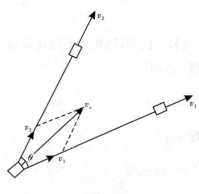

图 5.59

例题 1 在雪地里分别以速度 v_1 和 v_2 前进的两台拖拉机拖着一个重箱前进(如图 5.59 所示),当 v_1 和 v_2 方向都沿绳且两者夹角为 θ 时,箱的即时速度为多大?

分析与解答 有的同学不假思索地把 v_1、v_2 两个速度进行合成(如图 5.59),得出合速度为

---

① 由于本丛书各册侧重点不同,"微元法"的详细介绍,读者可参阅本丛书之《分割与积累》.

5 分析与综合在解决中学物理问题中的应用

$$v_x = \sqrt{v_1^2 + v_2^2 + 2v_1v_2\cos\theta} \qquad ①$$

认为这就是此时重箱前进的速度.

这个结论对不对呢？我们用特例检验一下. 设 $v_1 = v_2 = v$，且 $\theta = 0°$，即两绳并在一起，两拖拉机以相同速度前进，则木箱的速度也应为 v. 但将 $v_1 = v_2 = v$，$\theta = 0°$ 代入①式，得 $v_x = 2v$，显然与事实不符，即①式肯定是错的.

下面，我们用"微元法"去解.

设经过极短时间 Δt，木箱由 C 运动至 D，两拖拉机分别由 A、B 运动至 A'、B'（如图 5.60），则 $\overline{AA'} = v_1\Delta t$，$\overline{BB'} = v_2\Delta t$，$\overline{CD} = v_x\Delta t$.

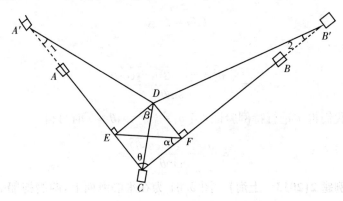

图 5.60

过 D 作 $DE \perp CA$，$DF \perp CB$，因时间 Δt 极短，$\angle 1 \approx 0$，$\angle 2 \approx 0$. 所以

$$A'E \approx A'D$$
$$B'F \approx B'D$$
$$\overline{CE} = \overline{AA'} = v_1\Delta t$$
$$\overline{CF} = \overline{BB'} = v_2\Delta t$$

由于 $CEDF$ 四点共圆，$\angle \alpha = \angle \beta$. 由余弦定理，有

$$\overline{EF} = \sqrt{(v_1\Delta t)^2 + (v_2\Delta t)^2 - 2v_1v_2\Delta t^2 \cos\theta}$$

在△CDE 中，由正弦定理，有

$$\frac{\overline{CD}}{\sin 90°}=\frac{v_1\Delta t}{\sin\beta}=\frac{v_1\Delta t}{\sin\alpha}$$ ①

在△CFE 中，由正弦定理，有

$$\frac{v_1\Delta t}{\sin\alpha}=\frac{\overline{EF}}{\sin\theta}$$ ②

联立①、②两式，得

$$CD=\frac{\overline{EF}}{\sin\theta}=\frac{\sqrt{v_1^2+v_2^2-2v_1v_2\cos\theta}}{\sin\theta}\cdot\Delta t$$

式中

$$CD=v_x\Delta t$$

所以

$$v_x=\frac{\sqrt{v_1^2+v_2^2-2v_1v_2\cos\theta}}{\sin\theta}$$ ③

我们再次进行特例验证，当 $v_1=v_2=v$，$\theta\approx 0°$ 时可得

$$v_x=\frac{v\sqrt{2(1-\cos\theta)}}{\sin\theta}\approx v$$

例题 2（2013 上海） 图 5.61 为在平静海面上，两艘拖船 A、B 拖着驳船 C 运动的示意图. A、B 的速度分别沿着缆绳 CA、CB 方向，A、B、C 不在一条直线上. 由于缆绳不可伸长，因此 C 的速度在 CA、CB 方向的投影分别与 A、B 的速度相等，由此可知 C 的（　　）.

A. 速度大小可以介于 A、B 的速度大小之间

B. 速度大小一定不小于 A、B 的速度大小

C. 速度方向可能在 CA 和 CB 的夹角范围外

D. 速度方向一定在 CA 和 CB 的夹角范围内

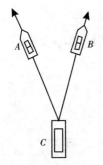

图 5.61

分析与解答 阅读上面一道例题后,本题就迎刃而解了.

如图 5.62 所示,因为 C 的速度在 CA、CB 方向上的投影分别与 A、B 的速度相等,所以 C 的速度大小一定不小于 A、B 的速度大小,选项 B 正确.由于 A、B 的速度可以取不同的值,所以 C 的速度方向可能在 CA、CB 的夹角范围之内,也可能在 CA、CB 的夹角范围之外,选项 C 正确.

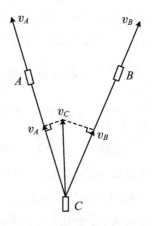

图 5.62

例题 3(2011 安徽) 一般的曲线运动可以分成很多小段,每小段都可以看成圆周运动的一部分,即把整条曲线用一系列不同半径的小圆弧来代替. 如图 5.63(a)所示,曲线上 A 点的曲率圆定义为:通过 A 点和曲线上紧邻 A 点两侧的两点作一圆,在极限情况下,这个圆就叫做 A 点的曲率圆,其半径 ρ 叫做 A 点的曲率半径. 现将一物体沿与水平面成 α 角的方向以速度 v_0 抛出,如图 5.63(b)所示. 则在其轨迹最高点 P 处的曲率半径是( ).

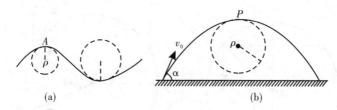

图 5.63

A. $\dfrac{v_0^2}{g}$
B. $\dfrac{v_0^2 \sin^2\alpha}{g}$
B. $\dfrac{v_0^2 \cos^2\alpha}{g}$
D. $\dfrac{v_0^2 \cos^2\alpha}{g \sin\alpha}$

分析与解答 本题考查斜抛运动、圆周运动和牛顿第二定律的知识. 把整条曲线看作无穷多个无穷小的圆弧所组成, 这是一种分析综合的思维方法. 由抛体运动知识知, 在最高点 P, 物体速度是 $v = v_0\cos\alpha$ 设在抛物线的最高点 P, 曲率半径为 R, 则向心加速度为 $\dfrac{(v_0\cos\alpha)^2}{R}$. 此加速度就是重力提供的重力加速度 g, 所以, $g = \dfrac{(v_0\cos\alpha)^2}{R}$, $R = \dfrac{(v_0\cos\alpha)^2}{g}$, 选项 C 正确.

例题 4 半径为 R 的刚性球固定在一水平桌面上, 有一质量为 M 的圆环状的均匀弹性细绳圈, 原长为 $2\pi a$, $a = R/2$, 绳圈的弹性系数为 k(绳伸长为 s 时, 绳中弹性张力为 ks). 将绳圈从球的正上方轻放到球上, 并用手扶着绳圈使其保持水平, 最后停留在某个静力平衡位置. 考虑重力, 忽略摩擦. 设平衡时绳圈长 $2\pi b$, $b = \sqrt{2}a$. 求弹性系数 k(用 M、R、g 表示).

分析与解答 将绳圈放至球上, 平衡后, 如图 5.64 所示(甲为侧视图, 乙为俯视图). 在绳上取一小段弧 $\overset{\frown}{AB}$ 研究, 其所对圆心角为 $\Delta\phi$, $\Delta\phi \approx 0$. $\overset{\frown}{AB}$ 受张力为 T. $T = k \cdot 2\pi\left(\dfrac{\sqrt{2}}{2} - \dfrac{1}{2}\right)R$.

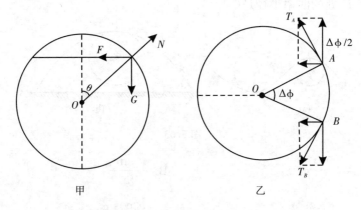

图 5.64

$\overset{\frown}{AB}$ 段绳圈质量为 $\Delta m = Mg\Delta\phi/2\pi$.

再看图甲,考虑绳圈受力平衡. 其受力为:重力 Δmg,球面支持力 N,弹力 T_A、T_B 的合力 F. 由平衡条件,得

$$F = \Delta mg \tan\theta = \frac{\Delta\phi}{2\pi} Mg \tan 45°$$

而 $F = 2T\sin\left(\frac{\Delta\phi}{2}\right)$,当 $\Delta\phi \approx 0$ 时可得

$$F = T\Delta\phi = \pi \cdot k(\sqrt{2}-1)R\Delta\phi$$

即

$$\pi k(\sqrt{2}-1)R\Delta\phi = \frac{\Delta\phi}{2\pi} Mg$$

所以

$$k = \frac{Mg}{2\pi^2(\sqrt{2}-1)R} = \frac{Mg(1+\sqrt{2})}{2\pi^2 R}$$

例题 5 直升飞机靠螺旋桨向下推动空气获得升力. 飞机质量为 M,被推空气获得的速度为 v,求直升飞机在空中静止不动时飞机的功率.

分析与解答 设螺旋桨对空气的平均推力为 F. 根据牛顿第三定律,飞机获得的反作用力也等于 F. 飞机静止不动时,$F=Mg$.

考虑一个微小时间间隔 Δt,设在 Δt 内有质量为 Δm 的空气被推出,由动能定理知,推力做的功为 $W = \frac{1}{2}\Delta mv^2$,则功率为

$$P = \frac{W}{\Delta t} = \frac{1}{2}\frac{\Delta m}{\Delta t} v^2 = \frac{1}{2}\left(\frac{\Delta mv}{\Delta t}\right) \cdot v$$

由动量定理知 $F = \frac{\Delta mv}{t}$,可得

$$P = \frac{1}{2} Fv = \frac{1}{2} Mgv$$

例题 6 试证明,带电均匀球壳内部任意一点场强为零.

分析与解答 如图 5.65 所示,在球内任意取一点 A,过 A 作两个极微小的对顶圆锥体交球面,截得两个面积 ΔS_1 和 ΔS_2. 设 A 至 ΔS_1 和 ΔS_2 的距离分别为 r_1 和 r_2. 设球壳带电的面密度为 σ,则 ΔS_1 和 ΔS_2 所带电荷为

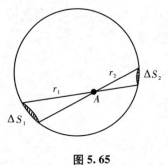

图 5.65

$$\Delta Q_1 = \sigma \Delta S_1, \quad \Delta Q_2 = \sigma \Delta S_2$$

带电小面元在 A 点产生的荷场强为

$$E_{合} = \frac{k\Delta Q_1}{r_1^2} - \frac{k\Delta Q_2}{r_2^2} = k\sigma\left(\frac{\Delta S_1}{r_1^2} - \frac{\Delta S_2}{r_2^2}\right)$$

由几何知识知

$$\frac{\Delta S_1}{r_1^2} = \frac{\Delta S_2}{r_2^2}$$

所以 $E_{合} = 0$,即金属壳内场强处处为零.

例题 7 如图 5.66 所示,一质量均匀分布的细圆环,其半径为 R,质量为 m,均匀带正电,总电量为 Q. 现将此环平放在绝缘的光滑水平桌面上,并处于磁感应强度为 B 的均匀磁场中,磁场方向竖直向下. 当此环绕通过其中心的竖直轴以角速度 ω 沿图示方向旋转时,环中的张力等于多少?

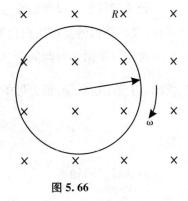

图 5.66

分析与解答 如图 5.67 所示. 取极小的一段圆弧 $\stackrel{\frown}{AB}$ 来研究(长

度元). $\widehat{AB}=R\theta$. 其质量为 $\Delta m = \dfrac{m\theta}{2\pi}$. 带电圆环的旋转等价于一电流,其强度为

$$I = \dfrac{Q}{t} = \dfrac{\omega Q}{2\pi}$$

$\widehat{AB}$ 上通电后形成一段电流元,其所受安培力为

$$F_{安} = BIL = B\dfrac{\omega Q}{2\pi}R\theta$$

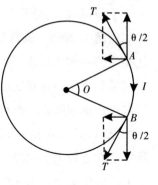

图 5.67

$\widehat{AB}$ 在旋转时所需向心力由张力 T 的法向分量与 $F_{安}$ 的合力提供. T 的法向分量为

$$2T\sin\dfrac{\theta}{2} \approx T\theta$$

得

$$T\theta - F_{安} \approx \Delta m \omega^2 R$$

即

$$T\theta - B\dfrac{\omega Q}{2\pi}R\theta \approx \dfrac{m\theta}{2\pi}\omega^2 R$$

则

$$T = \dfrac{\omega R}{2\pi}(BQ + m\omega)$$

定性分析法

在物理学习中会遇到许多问题(尤其是选择题),它们并不需要进行比较繁复的计算,往往只需要根据物理原理通过定性分析或因果分析,或者可以借助于巧妙的思维方法,或者只需要根据公式作简单的推理就可以正确作出判断、确定结果. 适用于这类题(除概念性问题外)的方法,我们都可以归并为定性分析方法.

下面,我们选择若干问题,体会一下定性分析方法的应用.

例题1(2009 安徽) 大爆炸理论认为,我们的宇宙起源于137亿年前的一次大爆炸. 除开始瞬间外,在演化至今的大部分时间内,宇宙基本上是匀速膨胀的. 20世纪末,对1A型超新星的观测显示,宇宙正在加速膨胀. 面对这个出人意料的发现,宇宙学家探究其背后的原因,提出宇宙的大部分可能由暗能量组成,它们的排斥作用导致宇宙在近段天文时期内开始加速膨胀. 如果真是这样,则标志宇宙大小的宇宙半径 R 和宇宙年龄 t 的关系,大致是下面图5.68中哪个图像?(   ).

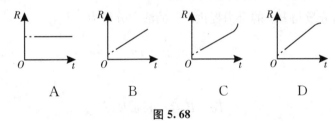

图 5.68

分析与解答 这道题要求我们对 R-t 图像进行定性分析. 图像中的纵坐标宇宙半径 R 可以看做是宇宙膨胀的位移 x,因而图像的切线的斜率代表宇宙膨胀的速度. 由题意,宇宙基本上是匀速膨胀的,而在近段天文时期内,开始加速膨胀,其半径增加的速度越来越大(图像中该段时间内曲线的切线斜率越来越大),图像C符合要求,因此应选C.

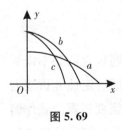

图 5.69

例题2(2012 全国新课标) 如图5.69,x 轴在水平地面内,y 轴沿竖直方向. 图中画出了从 y 轴上沿 x 轴正向抛出的三个小球 a、b 和 c 的运动轨迹,其中 b 和 c 是从同一点抛出的,不计空气阻力,则(   ).

A. a 的飞行时间比 b 的长

B. b 和 c 的飞行时间相同

C. a 的水平速度比 b 的小

D. b 的初速度比 c 的大

分析与解答 平抛物体在竖直方向做自由落体运动,水平方向做匀速运动,其运动时间由下落高度决定,水平位移由运动时间和初速度共同决定.

b 和 c 的抛出高度相同,飞行时间相同,a 的飞行时间比 b、c 短,b 的水平位移比 c 大,b 的初速度比 c 大,因此 A 错,B、D 正确.

由于 a 的运动时间虽短,但水平位移却比 b 和 c 都大,因此其初速度一定比 b 和 c 大,C 错.

例题 3(2013 上海) 如图 5.70,轰炸机沿水平方向匀速飞行,到达山坡底端正上方时释放一颗炸弹,并垂直击中山坡上的目标 A. 已知 A 点高度为 h,山坡倾角为 θ,由此可算出 ( ).

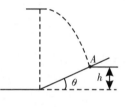

图 5.70

A. 轰炸机的飞行高度

B. 轰炸机的飞行速度

C. 炸弹的飞行时间

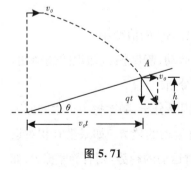

图 5.71

D. 炸弹投出时的动能

分析与解答 物体的动能与质量有关,题中炸弹的质量未知,D 可以先排除. 设轰炸机水平飞行的速度为 v_0,炸弹离开飞机后做平抛运动,设炸弹飞行时间为 t,A 点相对飞机的水平位移为 $v_0 t$,画出炸弹落点的速度分解图(图 5.71),由

$$\tan\theta = \frac{h}{v_0 t} = \frac{v_0}{gt}$$

利用上式可以求出 v_0,从而求出 t,并由 t 求出飞机对 A 的高度,从而求出飞机的飞行高度,因此 ABC 正确.

例题 4(2013　新课标Ⅱ)　公路急转弯处通常是交通事故多发地带. 如图 5.72,某公路急转弯处是一圆弧,当汽车行驶的速率为 v_c 时,汽车恰好没有向公路内外两侧滑动的趋势,则在该弯道处(　　).

图 5.72

A. 路面外侧高内侧低

B. 车速只要低于 v_c,车辆便会向内侧滑动

C. 车速虽然高于 v_c,但只要不超出某一最高限度,车辆便不会向外侧滑动

D. 当路面结冰时,与未结冰时相比,v_c 的值变小

分析与解答　这是一道考察圆周运动、静摩擦力知识的选择题,需要我们对问题进行因果分析和定性分析.

首先对静摩擦力产生的原因进行因果分析:静摩擦力产生的原因是物体间相互接触,相互挤压且有相对运动的趋势. 如果没有相对运动的趋势,则没有静摩擦力;如果有相对运动的趋势,则有静摩擦力;如相对运动的趋势增大,静摩擦力增大;相对运动的趋势达到某种临界状态时,静摩擦力达到最大值;相对运动的趋势再增大,则将出现相对滑动.

按题意,在汽车速度为 v_c 时,汽车恰好没有向公路内外两侧滑动的趋势,则汽车不受静摩擦力的作用,仅受重力和路面支持力的作用(见图 5.73),重力和路面支持力的合力提供向心力,这种情况只能发生在外侧高、内侧低的情况下,所以选项 A 正确.

由牛顿定律、圆周运动公式和几何知识可得:$f=ma$,$mg\tan\alpha=m\dfrac{v_c^2}{R}$,$v_c=\sqrt{Rg\tan\alpha}$.

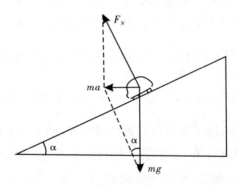

图 5.73

当车速低于 v_c 时,汽车有向内侧滑动的趋势,会出现沿斜面向上的静摩擦力,但只要没超过临界状态,汽车就不会滑动,因此,选项 B 错. 当车速高于 v_c 时,汽车有向外侧滑动的趋势,会出现沿斜面向下的静摩擦力,但只要没超过临界状态,汽车就不会滑动,因此,选项 C 正确.

路面结冰时最大静摩擦力发生变化,但 v_c 值不变,选项 D 错.

例题 5(2013 江苏) 如图 5.74 所示,旋转秋千盘中的两个座椅 A、B 质量相等,通过相同长度的缆绳悬挂在旋转圆盘上. 不考虑空气阻力的影响,当旋转圆盘绕竖直的中心轴匀速转动时,下列说法正确的是( ).

A. A 的速度比 B 的大

B. A 与 B 的向心加速度大小相等

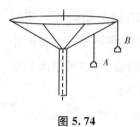

图 5.74

C. 悬挂 A、B 的缆绳与竖直方向的夹角相等

D. 悬挂 A 的缆绳所受的拉力比悬挂 B 的小

分析与解答 圆盘旋转时,座椅向外抛开,缆绳倾斜. A 座椅与 B 座椅运行的角速度相等,A 座椅运行半径小于 B 座椅半径,故 A 的速度小于 B 的速度,选项 A 错误;由 $a=r\omega^2$ 知,A 座椅的向心加速度小于 B 座椅的向心加速度,选项 B 错误;设缆绳与竖直方向夹角为 θ,由向心力公式 $mg\tan\theta=mr\omega^2$,$\tan\theta=\dfrac{r\omega^2}{g}$,运行半径不相等,夹角 θ 也不相等,选项 C 错误;缆绳拉力 $F=\dfrac{mg}{\cos\theta}=mg\sqrt{1+\tan^2\theta}$,将 $\tan\theta=\dfrac{r\omega^2}{g}$ 代入可知,r 越小,缆绳拉力越小,选项 D 正确. 除了通过列式进行判断外,还可以采用巧妙的极端思维方法:假设座椅 A 的缆绳位置内移,直至转轴处,此时缆绳几乎只需承担座椅的重力,显然它所受到的拉力一定比悬挂 B 的小,所以 D 正确.

例题 6(2012 广东) 如图 5.75 所示,飞船从轨道 1 变轨至轨道 2. 若飞船在两轨道上都做匀速圆周运动,不考虑质量变化,相对于在轨道 1 上,飞船在轨道 2 上的( ).

A. 动能大

B. 向心加速度大

C. 运行周期长

D. 角速度小

分析与解答 飞船(或人造卫星)绕地球做匀速圆周运动时,都由地球的引力作为向心力,即

$$G\dfrac{Mm}{r^2}=ma_n=m\dfrac{v^2}{r}=m\omega^2 r=\dfrac{4\pi^2 r}{T^2}$$

图 5.75

因此离开地面越高,向心加速度(a_n)越小,线速度(v)和角速度

(ω)也越小,周期(T)越长,因此 AB 错,CD 正确.

例题 7(2012 江苏) 如图 5.76 所示,细线的一端固定于 O 点,另一端系一小球,在水平拉力作用下,小球以恒定速率在竖直平面内由 A 点运动到 B 点,在此过程中拉力的瞬时功率变化情况是( ).

图 5.76

A. 逐渐增大
B. 逐渐减小
C. 先增大,后减小
D. 先减小,后增大

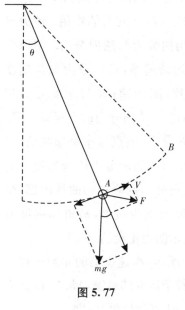

图 5.77

分析与解答 小球从 A 点运动到 B 点的过程中受到三个力的作用:水平拉力 F,重力 mg,线的张力 T.将水平拉力和重力沿着线和垂直线的方向(速度方向)分解(图 5.77),由于球的运动速率不变,因此在速度方向上小球所受到的合力应该为零,即有关系式

$$F\cos\theta = mg\sin\theta$$

式中 θ 就是细线与竖直方向间夹角.根据瞬时功率的表达式为 $P = Fv\cos\theta$,考虑上述关系,因此拉力的瞬时功率可表示为

$$P = mgv\sin\theta$$

因此小球从 A 点运动到 B 点的过程中,随着细线与竖直方向间夹角 θ 的增大,拉力的功率也逐渐增大,A 正确.

例题 8(2011 新课标) 一带负电荷的质点,在电场力作用下沿

曲线 abc 从 a 运动到 c,已知质点的速率是递减的. 关于 b 点电场强度 E 的方向,图 5.78 中可能正确的是(虚线是曲线在 b 点的切线)(　　).

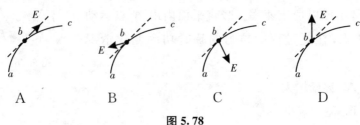

图 5.78

分析与解答　这是一道考察定性分析能力的题. 问题描述的是带电粒子在电场力作用下沿曲线轨迹运动的问题. 从力学的角度看,质点沿曲线运动必受与速度方向成一角度的力的作用. 该力可分解为切向分力与法向分力. 切向分力改变运动速率(切向分力如与速度方向一致,则加速;如与速度方向相反,则减速). 法向分力改变运动方向. 按照本题题意,质点速率是递减的,因此质点受力的切向分力应与速度方向相反,法向分力则应指向曲线内部(图 5.79),而质点带负电,故电场强度方向与受力方向又相反,因此,选项 D 所示图为正确的.

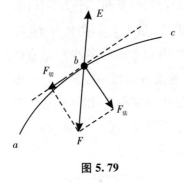

图 5.79

例题 9(2013　重庆)　如图 5.80 所示,高速运动的 α 粒子被位于 O 点的重原子核散射,实线表示 α 粒子运动的轨迹,M、N 和 Q 为轨迹上的三点,N 点离核最近,Q 点比 M 点离核更远,则(　　).

A. α 粒子在 M 点的速率比在 Q 点的大

B. 三点中,α 粒子在 N 点的电势能最大

C. 在重核产生的电场中,M 点的电势比 Q 点的低

D. α 粒子从 M 点运动到 Q 点,电场力对它做的总功为负功

分析与解答 重核带正电荷,离核越近电势越高,即 $U_N > U_M > U_Q$,B 正确,C 错. α 粒子从 M 点运动到 Q 点,在接近原子核至最近位置 N 点的过程中,要消耗动能克服核的斥力做功,即核的

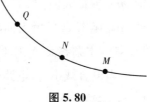

图 5.80

电场力对它做负功,α 粒子速度逐渐减小;从最近位置 N 到最远位置 Q 的过程中,核的斥力对 α 粒子做正功,速度逐渐增大,由于 $U_{NQ} > U_{NM}$,所以 α 粒子从 $M \to Q$ 的整个过程中,核的电场力对 α 粒子做的正功大于负功,其总功为正功,D 错. 由动能定理,在 $M \to Q$ 的过程中,粒子动能增大,故粒子在 Q 点的速率大,A 错.

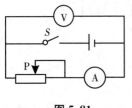

图 5.81

例题 10(2012 上海) 直流电路如图 5.81 所示,在滑动变阻器的滑片 P 向右移动时,电源的( ).

A. 总功率一定减小

B. 效率一定增大

C. 内部损耗功率一定减小

D. 输出功率一定先增大后减小

分析与解答 变阻器的滑动片 P 右移,接入电路的电阻增大,电路总电流减小,由于电源电动势恒定,因此总功率一定减小,A 正确.

此时,电源内电阻上损失的功率 $P_r = I^2 r$,当电流 I 减小时,内电阻上损耗的功率一定减小,C 正确.

电路效率表示为

$$\eta = \frac{P_{出}}{P_{总}} = \frac{IU}{IE} = \frac{U}{E} = \frac{E - Ir}{E}$$

电源的输出功率 $p_{出} = I^2 R = \dfrac{E^2 R}{(R+r)^2} = \dfrac{E^2}{\dfrac{(R-r)^2}{R} + 4r}$,当 $R = r$

时，$p_出$ 取最大值；当 $R<r$ 时，$p_出$ 随着 R 的增大而增大；当 $R>r$ 时，$p_出$ 随着 R 的增大而减小，因不能肯定 R 的取值范围，所以答案 D 不选，本题答案 A、B、C.

当电流减小时，电路效率增大，B 正确.

图 5.82

例题 11（2009　安徽）　图 5.82 是科学史上一张著名的实验照片，显示一个带电粒子在云室中穿过某种金属板运动的径迹. 云室放置在匀强磁场中，磁场方向垂直照片向里. 云室中横放的金属板对粒子的运动起阻碍作用. 分析此径迹可知粒子（　　）.

A. 带正电，由下往上运动

B. 带正电，由上往下运动

C. 带负电，由上往下运动

D. 带负电，由下往上运动

分析与解答　本题考查带电粒子在磁场中运动规律的知识和洛仑兹力方向的判断. 从思维方法的角度看，是要求我们对问题做定性分析.

在洛仑兹力的作用下粒子做匀速圆周运动，洛仑兹力提供向心力，由 $Bqv=\dfrac{mv^2}{R}$，$R=\dfrac{mv}{qB}$，粒子穿过金属板后，速度减小，圆周运动半径也要减小，所以，可判断粒子运动方向是由下向上，由左手定则知，粒子带正电，选 A.

例题 12（2013　广东）　如图 5.83 所示，两个初速度大小相同的同种离子 a 和 b，从 O 点沿垂直磁场方向进入匀强磁场，最后打到屏 P 上. 不计重力. 下列说法正确的有（　　）.

A. a、b 均带正电

B. a 在磁场中飞行的时间比 b 的短

C. a 在磁场中飞行的路程比 b 的短

D. a 在 P 上的落点与 O 点的距离比 b 的近

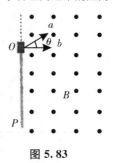

图 5.83

分析与解答 根据粒子在磁场中的偏转方向,由左手定则知,两者都带正电,A 正确.

粒子 b 垂直磁场边界入射,它在磁场中的轨迹为半圆. 粒子 a 偏离垂直入射的方向,它在磁场中的轨迹圆的直径垂直于入射速度方向,即超过半圆周,其运动示意图如图 5.84 所示. 因此它的运动时间和经过的路程都比 b 长,它在屏上的落点离 O 点比较近,所以 BC 都错,D 正确.

说明 由图 5.84 可知,偏离垂直边界方向 θ 角入射的粒子,它到达屏上的位置与入射点的距离为

$$x = 2R\cos\theta$$

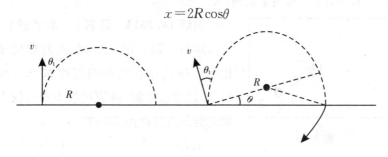

图 5.84

例题 13(2013 上海) 如图 5.85,一足够长的直线 ab 靠近通电螺线管,与螺线管平行,用磁传感器测量 ab 上各点的磁感应强度 B,在计算机屏幕上显示的大致图像是( ).

分析与解答 本题考查通电螺旋管周围空间的磁场分布规律,只需用定性分析的方法即可. 首先,我们将通电螺旋管与条形磁铁类比,它们在周围空间产生的磁场是相似的. 我们知道,条形磁铁周围以两个磁极附近磁场最强,中间弱,离磁铁远处磁场也弱,因此,在直线 ab 上,从 a 到 O,磁场先增大,后减小,从 O 到 b,磁场也是先增

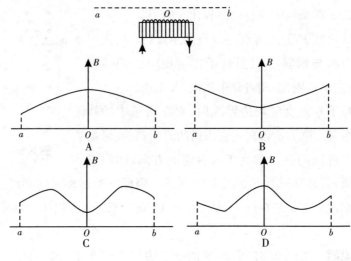

图 5.85

大,后减小,故 C 选项是正确的.

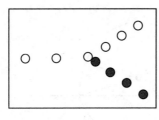

图 5.86

例题 14(2013 江苏) 水平面上,一白球与一静止的灰球碰撞,两球质量相等.碰撞过程的频闪照片如图 5.86 所示,据此可推断,碰撞过程中系统损失的动能约占碰撞前动能的( ).

A. 30% B. 50%

C. 70% D. 90%

分析与解答 这是一个估算题.除了可以通过测量间距,根据碰撞前后两球的速度大小关系进行估算外,还可以根据碰撞的物理原理定性判断,更为简捷.

因为质量相等的运动球与静止球碰撞时,若为完全非弹性碰撞,碰后两球结合在一起,动能损失最大,为 50%,其余情况下的碰撞,动能损失都小于 50%.图中两球碰撞后并没有结合在一起,其动能损失必定小于 50%,所以正确的是 A.

例题 15(2013 浙江) 与通常观察到的月全食不同,小虎同学在 2012 年 12 月 10 日晚观看月全食时,看到整个月亮是暗红的. 小虎画了月全食的示意图(图 5.87),并提出了如下猜想,其中最为合理的是(   ).

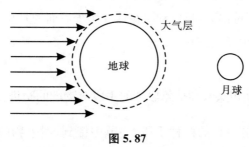

图 5.87

A. 地球上有人用红色激光照射月球

B. 太阳照射到地球的红光反射到月球

C. 太阳光中的红光经地球大气层折射到月球

D. 太阳光中的红光在月球表面形成干涉条纹

分析与解答 这一道题考查月食形成的原因、光的折射、瑞利散射定律等光学知识. 从思维方法的角度看,是对问题作因果分析.

首先,应该弄清月全食产生的原因. 当太阳、地球、月球三者恰好或几乎在同一条直线上时(地球在太阳和月球之间),太阳到月球的光线便会部分或完全地被地球掩盖,产生月食. 当整个月球进入地球的本影之时,就会出现月全食. 因此月全食的产生是由光线直线传播造成的.

但是,不要忘记,地球表面包围一层大气层,当太阳光经过地球上的大气层时,会产生折射而偏离原来的直线方向. 被折射的红光射到月球上,再反射到我们眼中,我们便看到月球的暗红色.

那么,为什么只有红光才能射到月球上去呢?原来白光是不同频率的色光(红、橙、黄、绿、蓝、靛、紫)混合而成的. 在穿过地球大气层的时候,它们都受到大气层中极其微小的大气分子的散射和吸收.

英国物理学家瑞利(L. Rayleigh)研究指出,分子散射强度与入射光的波长四次方成反比,这称为瑞利定律.像黄、绿、蓝、靛、紫等色的光波比较短,在大气中受到的散射影响比较大,它们大部分都向四面八方散射掉了;红色的光线波长比较长,受到散射的影响不大,可以通过大气层穿透出去,折射到躲在地球影子后面的月亮上.

因此,选项 C 是正确的.

 5.6 交替使用实验和抽象思维的手段对物理问题进行分析

在本书的"分析的两种手段"一节中提到,对事物的分析可以借助实验的方法,也可以借助抽象思维的方法.但是,我们在中学物理教学中发现,同学们似乎习惯了对任何物理问题只作纯理论讨论而不做实验,显然这是片面的.丁肇中十分强调实验工作的重要性.他说:"实验是自然科学的基础,理论如果没有实验的证明,是没有意义的.当实验推翻了理论以后,才可能创建新的理论,理论是不可能推翻实验的."因此,在分析物理问题时,不仅要进行理论探讨,有条件时应进行实验验证.下面,我们介绍几个利用频闪照片、交替使用实验和抽象思维的手段对物理问题进行分析的实例.

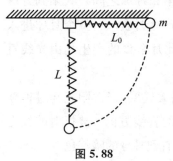

图 5.88

例 1 如图 5.88 所示,质量为 m 的小球拴在劲度系数为 k 的轻弹簧的一端,弹簧的另一端固定,弹簧的原长为 L_0.起初弹簧在水平位置,保持原长 L_0.然后释放小球,让它落下,过铅直位置时,弹簧被拉长为 L.过铅直位置时小球的速度有多大?

对于这样的问题,同学中有两种解法.一种是根据铅直位置时向心力的表达式:

5 分析与综合在解决中学物理问题中的应用

$$F_\text{弹} - mg = \frac{mv^2}{r}$$

即

$$k(L - L_0) - mg = \frac{mv^2}{L}$$

从而计算出速度 v.

另一种是根据机械能守恒定律,由

$$\frac{1}{2}k(L-L_0)^2 + \frac{1}{2}mv^2 = mgL$$

计算出速度 v.

究竟哪种解法正确？光靠纯粹的抽象思维,即使争论得唇干舌燥,也未必能得出令人信服的结论.这时,应该借助于实验来分析.笔者和教研组的同事们利用自制的简易设备拍摄了频闪照片(如图 5.89).从照片上可以看出,在过悬点下的位置时,小球的速度方向

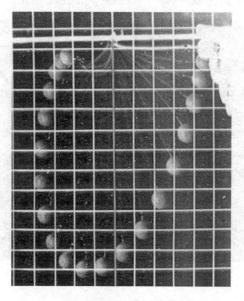

图 5.89

(即该点轨道的切线方向)并不水平,也就是该点法线方向并不沿铅直线,因而第一种解法中向心力的公式用错了(因为该式中向心力方向应该沿法线方向),这样便否定了第一种解法,肯定了第二种解法.

例 2 长为 L 的绳子,一端拴一质量为 m 的小球,另一端固定于 O,在 O 在正下方 $L/2$ 处有一钉子 O'.现将绳子拉到水平位置后由静止释放,求小球上升的最大高度.(如图 5.90)

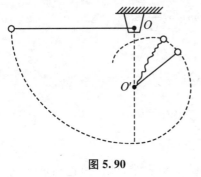

图 5.90

对这个问题,有的同学不假思索地回答:"根据机械能守恒,小球能上升到原高度。"实际上,小球在上升到原高度以前,绳已松弛,球已改做斜抛运动,可以计算出最高点的高度为 $25L/27$. 对于这个问题,我们拍摄了频闪照片(图 5.91),证实了这个结论.

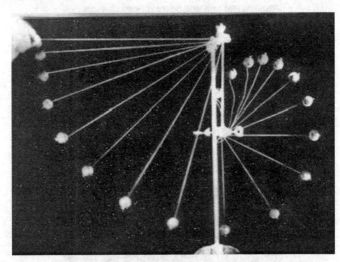

图 5.91

关于此问题的理论证明如下:

如图 5.92,小球自 A 点由静止释放,至到达与 O' 同一高度的 B 点前,绳必须拉直(因为要提供小球作圆周运动的向心力).自 B 点再往上运动,绳有松弛的可能.

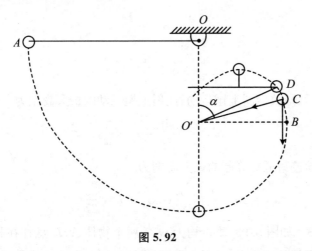

图 5.92

在 B 点以上某一点 C 的位置,小球受两个力的作用:重力 mg,绳的拉力 T.设此时绳与铅直方向的夹角为 α,则向心力由绳的拉力 T 和重力沿绳的分力 $mg\cos\alpha$ 共同提供:

$$T + mg\cos\alpha = m\frac{v^2}{R} = \frac{2mv^2}{L}$$

则

$$T = \frac{2mv^2}{L} - mg\cos\alpha$$

随着球向上运动,角 α 减小,$\cos\alpha$ 增大,速度 v 减小,因此拉力 T 也减小,直至为零,设此时位置为 D 点,$\alpha = \alpha_0$,绳开始松弛,$T = 0$,即

$$\cos\alpha_0 = \frac{2v^2}{gL} \qquad ①$$

根据能量守恒有

$$\frac{1}{2}mv^2 = mg\frac{L}{2}(1 - \cos\alpha_0)$$

即
$$v^2 = gL(1-\cos\alpha_0) \qquad ②$$

联立①、②式,得

$$\cos\alpha_0 = \frac{2}{3}$$

$$v_D^2 = \frac{8L}{3}$$

此后,球改做斜上抛运动,此斜上抛运动的最大高度为

$$h = \frac{(v_D\sin\alpha_0)^2}{2g} = \frac{5}{54}L$$

则球从轨迹最低点算起的最大高度为

$$h = \frac{L}{2} + \frac{L}{2}\cos\alpha_0 + h = \frac{25}{27}L$$

例 3 如图 5.93,质量均为 m 的两个物体 A、B 悬挂在相隔 $2L$ 的两个滑轮的两边,位于同一高度. 现又在绳子中央挂一质量也为 m 的物体 C,则由静止释放 C 后,C 下降的最大距离为多少?

对这个问题同学们有两种解法.

解法 1 如图 5.94,当三根绳子互成 120 时,系统处于平衡状态,可以算出 C 的下落距离为

$$h = L \cdot \cot 60° = \frac{\sqrt{3}}{3}L$$

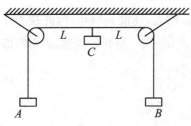

图 5.93

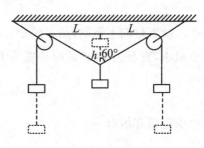

图 5.94

解法 2 如图 5.95，C 下落至最低点时，整个系统速度为零，动能为零. 由机械能守恒定律，C 减少的势能等于 A、B 增大的势能，即

$$mgh = 2mg(\sqrt{h^2 + L^2} - L)$$

得

$$h = \frac{4}{3}L$$

究竟哪种解法正确？我们应该借助于实验来分析. 按问题的设计，我们配置好实验装置，发现 C 下落后，整个装置上下振动几次，由于阻力的原因，最终停留在如图 5.94 所示的平衡位置，C 下降的最低位置比平衡位置要低. 拍摄的频闪照片（图 5.96）显示，C 上下作非简谐振动，下降的最大距离 $h > L$，符合图 5.95 所示. 实验证实，解法 2 正确.

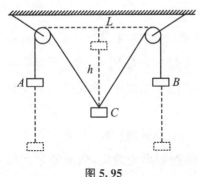

图 5.95

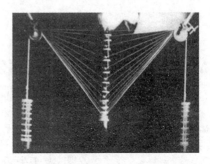

图 5.96

例 4 在实验室观察失重现象.

在具有重力加速度的系统（如自由下落的升降机，绕地球飞行的宇宙飞船等）中，会出现失重状态，即物体对悬绳的拉力或对支持物的压力为零的状态。许多人都想体验失重状态，包括著名的残疾物理学家霍金. 2007 年，在大西洋上空，他在护理人员的帮助下体验了零重力飞行. 飞机急速俯冲，沿抛物线飞行，使霍金和其他旅客在 25 秒钟内处于一种失重状态（如图 5.97 所示）.

分析与综合

图 5.97

在实验室里能观察到失重现象吗？我们用频闪照片解决了这个问题。

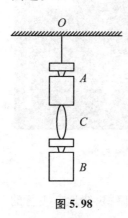

图 5.98

如图 5.98 所示，砝码 A 悬挂于 O 点，砝码 B 通过金属弹性圈 C 与砝码 A 相连。金属弹性圈 C 在自然状态下呈圆形，承受拉力后呈椭圆形。

若把砝码 A 上端的绳剪断，则系统自由下落。由于失重，弹性圈形变消失，恢复原来的圆形，然而，由于下落时间极短（仅零点几秒），此现象很难直接用肉眼观察到，但可以从如图 5.99 所示的频闪照片看出。

物体由于外力作用而变形时，在物体内各部分之间产生相互作用的内力，以抵抗这种外力的作用，并试图使物体从变形后的位置恢复到变形前的位置，这种内力成为应力（如上述问题中的金属弹性圈 C 的弹力）。在失重的情况下，由于人体内的应力消失，对宇航员的身体会产生不良影响：作用于腿骨、脊椎骨等承重骨的压力骤减，同时由于肌肉运动的减少,对骨骼的刺激相应减弱,会造成骨质疏松,钙从骨质中大量流失并经肾脏排出体外,增大发生肾结石的可能.目前,这是航天医学需要解决的问题之一.

图 5.99

下面再通过一张频闪照片来讨论失重现象.

如图 5.100,在金属小筒的侧壁下部凿两个小孔 A、B,当筒中装满水后,有水流自 A、B 孔喷出.若撒手让小筒自由下落,则喷水停止,这是由于液体失重,对侧壁压强消失的缘故.同样,此现象很难直接用肉眼观察到,但可以从如图 5.101 所示的频闪照片看出.

此频闪照片给我们以启示:失重时人体的血液也会丧失流体静压,血液和其他体液不像有重力时那样惯常地流向下身.相反,下身的血液会回流到胸腔、头部,可引起宇航员面部浮肿、头胀,颈部静脉曲张,鼻咽部堵塞,身体质量中心上移,并出现相应的心脏功能障碍,如心输出量减少,运动耐力降低等.返回地面后,由于对重新出现的

重力不适应而易于出现心慌气短以及体位性晕厥等表现,这些会严重影响人体健康和工作效率,因而成为中长期载人航天飞行的一大障碍,这也是一个迫切需要解决的航天医学问题.

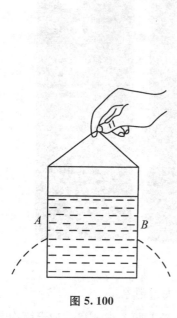

图 5.100

图 5.101

以上这些是失重环境对宇航员带来的健康问题.当然失重环境对解决某些科学技术问题会带来好处.在失重条件下,融化了的金属的液滴形状呈理想球形,冷却后可以成为理想的滚珠.而在地面上,用现代技术制成的滚珠并不呈理想球形,这是造成轴承磨损的重要原因之一.

玻璃纤维(一种很细的玻璃丝,直径为几十微米)是现代光纤通信的主要部件.在地面上,不可能制造很长的玻璃纤维,因为没等到液态的玻璃丝凝固,由于它受到重力,将被拉成小段.而在太空中,将可以很容易制造出几百米长的玻璃纤维.

5 分析与综合在解决中学物理问题中的应用

在太空中,还可以制成一种新的泡沫材料——泡沫金属.在失重条件下,在液态的金属中通以气体,气泡将不"上浮",也不"下沉",而是均匀地分布在液态金属中,凝固后就成为泡沫金属,这样可以制成轻得像软木塞似的泡沫钢,用它做机翼,又轻又结实.同样的道理,在失重条件下,混合物可以均匀地混合,由此可以制成地面上不能得到的特种合金.

电子工业、化学工业、核工业等部门对高纯度材料的需要不断增加,其纯度要求为"6 个 9"至"8 个 9",即 $99.9999\% \sim 99.999999\%$.在地面上,冶炼金属需在容器内进行,总会有一些容器的微量元素掺入到被冶炼的金属中.而在太空中的"悬浮冶炼"是在失重条件下进行的,不需要用容器,消除了容器对材料的污染,可获得纯度极高的产品.

结　束　语

　　拉瓦锡(A. L. Lavoisier)在1789年出版的《化学基础》一书中写道："化学有两种确定物体组成元素的一般方法,即分析方法和综合方法. 例如,当把水同乙醇结合时,我们就制成了商业上称为白兰地的那种酒. 我们无疑有权得出结论:白兰地由乙醇和水化合而成……"拉瓦锡十分浅显地说出了分析与综合的含义. 相信读者阅读本书后,对这两种方法有更深刻的认识了.

　　物理学从经验和神学的桎梏中脱颖而出,经过几世纪、几代人在各个领域内的艰辛耕耘,已形成了分支众多、理论严密的体系. 也终于弄清了支配着自然界各种物质形形色色运动变化的仅有四种力——引力、电磁力、弱力、强力. 爱因斯坦孕育了一个伟大的设想,试图建立综合引力和电磁力的统一场论,这无疑又是一次伟大的综合. 虽然爱因斯坦对统一场论的努力并没有成功,还曾遭到非议,但后来美国物理学家温伯格、格拉肖和巴基斯坦物理学家萨拉姆三人成功地建立了综合电磁力和弱力的统一理论,并荣获了1979年诺贝尔物理学奖,使爱因斯坦的设想显现出希望的曙光. 目前,统一场论的工作仍激励着众多物理学家. 如果最后完成这次伟大综合的是阅读过本书的青年朋友,那真是作者所梦寐以求的.

　　本丛书的《分析与综合》、《归纳与演绎》两册,均由我的大学同窗、特级老师岳燕宁兄执笔. 他功底深厚、经验丰富,身担金陵中学校长重任仍孜孜不倦于教学研究,对丛书的工作十分支持.

第二版中,又增添了近年的一些新问题,更臻完善,希望能被读者喜爱.

王溢然
1993 年初夏于苏州九百居
2014 年春于苏州庆秀斋

参考文献

[1] W·L·B·贝弗里奇. 科学研究的艺术[M]. 陈捷,译. 北京:科学出版社,1979.

[2] T·S·库恩. 科学革命的结构[M]. 北京:北京大学出版社,2003.

[3] 赛格雷 A. 从 X 射线到夸克[M]. 上海:上海科技文献出版社,1984.

[4] 乔治·伽莫夫. 物理学发展史[M]. 北京:商务印书馆,1981.

[5] 李艳平,申先甲. 物理学史教程[M]. 北京:科学出版社,2007.

[6] 张瑞琨. 近代自然科学史概论简编[M]. 上海:华东师范大学出版社,1999.

[7] 林德宏. 科学思想史[M]. 南京:江苏科学技术出版社,2004.

[8] 关士续. 科学认识的方法[M]. 哈尔滨:黑龙江人民出版社,1984.

[9] 谭树生,王华. 物理学上的重大实验[M]. 北京:科学技术文献出版社,1987.

[10] 杨建邺,止戈. 杰出物理学家的失误[M]. 武汉:华中师范大学出版社,1986.

[11] 查有梁. 牛顿力学的横向研究[M]. 成都:四川教育出版社,2014.

[12] 自然辩证法讲义编写组. 自然辩证法讲义[M]. 北京:人民教育出版社,1979.

[13] 江苏高教局编写组. 自然辩证法概论[M]. 南京:江苏人民出版社,1982.

[14] 束炳如. 物理学家传[M]. 长沙:湖南教育出版社,1998.

[15] 金岳霖. 形式逻辑[M]. 北京:人民出版社,2006.

[16] 郑积源. 科学技术简史[M]. 上海:上海人民出版社,1987.

[17] 栾玉广. 自然科学研究方法[M]. 合肥:中国科学技术大学出版社,2010.

[18] 周昌忠. 科学研究的方法[M]. 福州:福建人民出版社,1983.

[19] 化学发展史编写组. 化学发展简史[M]. 北京:科学出版社,1980.

[20] 杨振宁. 读书教学四十年[M]. 香港:三联书店有限公司,1988.

[21] 岳燕宁. 校园耕耘四十年:岳燕宁教育教学文选[M]. 南京:南京师范大学出版社,2003.

[22] 岳燕宁. 分析与综合[M]. 郑州:大象出版社,1993.

中国科学技术大学出版社中学物理可用书目

中学物理数学方法讲座/王溢然
大学物理先修课教材·力学/鲁志祥　黄诗登
加拿大物理奥林匹克/黄晶　矫健　孙佳琪
高中物理解题方法与技巧/尹雄杰　王文涛
高中物理母题与衍生·力学篇/董马云　宁鹏程　方林　罗成　黄晶
高中物理母题与衍生·电磁学篇/董马云　宁鹏程　黄晶　方林　罗成
高中物理学.1/沈克琦
高中物理学.2/沈克琦
高中物理学.3/沈克琦
高中物理学.4/沈克琦
中学奥林匹克竞赛物理教程·力学篇(第2版)/程稼夫
中学奥林匹克竞赛物理教程·电磁学篇(第2版)/程稼夫
中学奥林匹克竞赛物理讲座/程稼夫
高中物理奥林匹克竞赛标准教材/郑永令
中学物理奥赛辅导:热学·光学·近代物理学/崔宏滨

物理竞赛真题解析:热学·光学·近代物理学/崔宏滨

物理竞赛专题精编/江四喜

物理竞赛解题方法漫谈/江四喜

中学奥林匹克竞赛物理实验讲座/江兴方　郭小建

物理学难题集萃.上册/舒幼生　胡望雨　陈秉乾

物理学难题集萃.下册/舒幼生　胡望雨　陈秉乾

名牌大学学科营与自主招生考试绿卡·物理真题篇

　　/王文涛　黄晶　程稼夫审校

重点大学自主招生物理培训讲义/江四喜

中学生物理思维方法丛书

分析与综合/岳燕宁

守恒/王溢然　徐燕翔

猜想与假设/王溢然

图示与图像/王溢然　王亮

模型/王溢然

等效/王溢然

对称/王溢然　王明秋

分割与积累/王溢然　许洪生

归纳与演绎/岳燕宁

类比/王溢然　张耀久

求异/王溢然　徐达林　施坚

数学物理方法/王溢然

形象、抽象、直觉/王溢然